대림아이
첫술에 배부른 역사 시리즈 02

처음 읽는 전쟁 이야기

내가 바로 전쟁의 신

문연정 글 | 정은혜 그림

대림아이

이 책에 등장하는 전쟁

인물	연도	전쟁
손무	기원전 506년	오나라-초나라 전쟁
알렉산드로스 대왕	기원전 330년	페르시아 정복
	기원전 334년~기원전 323년	동방 원정
한신	기원전 202년	초나라 정복
한니발	기원전 218년~기원전 201년	제2차 포에니 전쟁
카이사르	기원전 58년~기원전 50년	갈리아 전쟁
관우	200년	백마 전투
	208년	적벽 대전
광개토 대왕	392년~396년	백제 공격
	402년~407년	후연 정벌
을지문덕	612년	살수 대첩
샤를마뉴 대제	772년~804년	작센 전쟁
강감찬	1018년	흥화진 전투
	1019년	귀주 대첩
살라딘	1187년	하틴 전투

<table>
<tr><td>칭기즈 칸</td><td>1206년~1227년</td><td>정복 전쟁</td></tr>
<tr><td>잔 다르크</td><td>1429년</td><td>오를레앙 전투</td></tr>
<tr><td rowspan="2">오다 노부나가</td><td>1560년</td><td>오케하자마 전투</td></tr>
<tr><td>1575년</td><td>나가시노 전투</td></tr>
<tr><td rowspan="3">이순신</td><td>1592년</td><td>한산도 대첩</td></tr>
<tr><td>1597년</td><td>명량 대첩</td></tr>
<tr><td>1598년</td><td>노량 해전</td></tr>
<tr><td rowspan="2">프리드리히 2세</td><td>1740년~1748년</td><td>오스트리아 왕위 계승 전쟁</td></tr>
<tr><td>1756년~1763년</td><td>7년 전쟁</td></tr>
<tr><td rowspan="2">넬슨</td><td>1798년</td><td>나일 해전</td></tr>
<tr><td>1805년</td><td>트라팔가르 해전</td></tr>
<tr><td>나폴레옹</td><td>1803년~1815년</td><td>나폴레옹 전쟁</td></tr>
<tr><td>김좌진</td><td>1920년</td><td>청산리 대첩</td></tr>
<tr><td rowspan="2">맥아더</td><td>1941년~1945년</td><td>태평양 전쟁</td></tr>
<tr><td>1950년~1953년</td><td>6·25 전쟁</td></tr>
</table>

차례

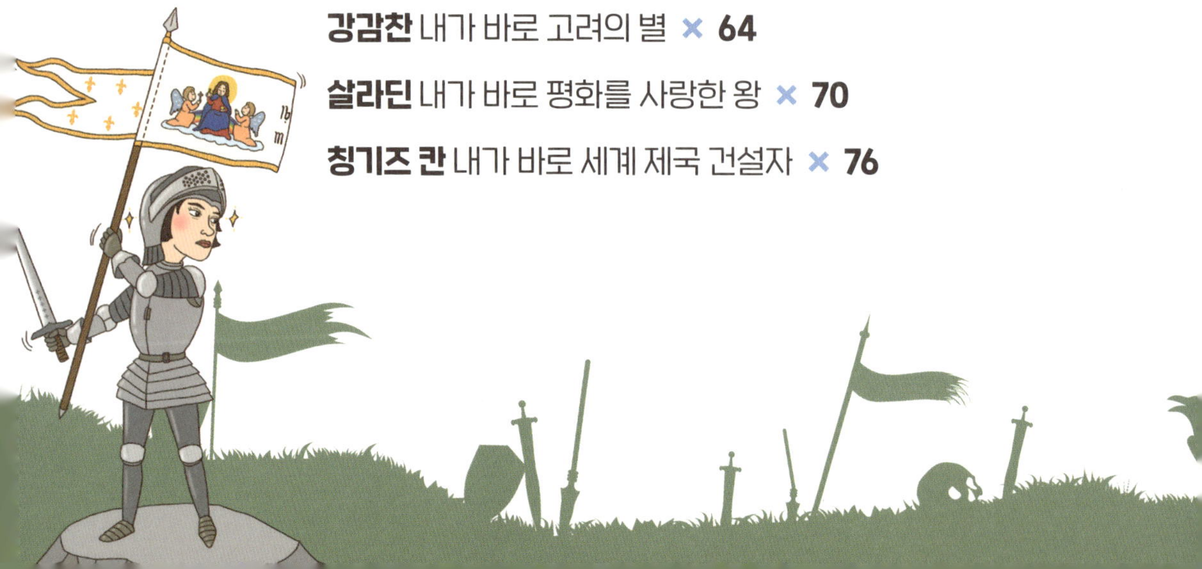

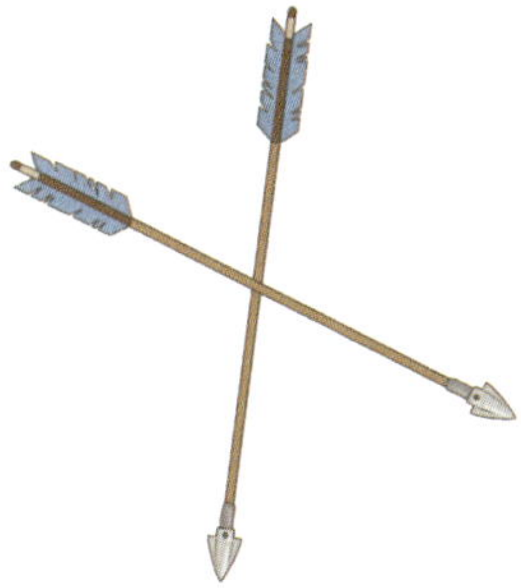

내가 바로 천재 전략가

손무

내 이름은 손무!

<손자병법>이라고 들어 봤어?

지금까지 꼽히는 최고의 병법책이야.

그걸 쓴 사람이 바로 나야. 나는 원래 제나라 사람이었어.

내가 어쩌다 오나라로 가서

천재 전략가가 되었는지 알려 줄게.

시대	기원전 544년경~기원전 496년경
높여 부르는 말	손자
잘하는 것	군사 작전 짜기, 글쓰기
대표 업적	오나라-초나라 전쟁
하고 싶은 말	남을 알고 나를 알면 백 번 싸워도 위태롭지 않다.
특이 사항	전략가 손빈의 할아버지
키워드	<손자병법>, 오나라, 합려, 강력한 군대

오나라로 간 병법 천재

내가 살던 제나라는 나라가 어지럽고 난리가 자주 일어났어. 그래서 나는 오나라로 가서 몸을 피했어. 당시 오나라는 초나라와 오랫동안 전쟁 중이었어. 오나라의 왕 합려는 약해진 군대 때문에 고민이 많았지. 그러다 내가 쓴 〈손자병법〉을 읽고 크게 감명을 받았어.

합려는 곧장 나를 불러들였어.

"선생이 한번 여자들로 이루어진 부대를 지휘해 보겠소?"

"좋습니다."

나는 궁녀들을 모으고 부대를 만들었어. 그러고는 왕이 아끼는 궁녀 2명을 대장으로 뽑았어. 나는 궁녀들에게 내 말에 따라 움직이라고 명령했어.

"앞으로!"

"깔깔깔!"

궁녀들은 깔깔대며 웃기만 할 뿐 내 명령을 듣지 않았어. 나는 다시 설명하고 명령을 내렸어. 하지만 이번에도 궁녀들은 그대로였어.

"명령을 분명히 설명했는데도 따르지 않는 것은 대장의 죄이다!"

하고 두 대장에게 벌을 주자, 궁녀들은 내 명령에 따라 정확하게 움직였어. 이 모습을 본 합려는 나를 장군으로 삼았단다.

나는 군사들을 훈련시켜 강력한 군대를 만들었어. 그러자 합려는 초나라의 수도를 공격하려고 했어.

"초나라에 맞설 수 있을 때까지 기다려야 합니다."

합려는 고개를 끄덕이더니 내 말에 따라 군대를 돌렸어.

시간이 흘러 마침내 때가 되었어. 철로 만든 무기와 강력한 군대가 있는데 뭐가 무섭겠어.

나는 군사들을 이끌고 초나라와 전쟁을 시작했어. 내 전략 덕분에 오나라는 초나라와 다섯 번 싸워서 다섯 번 이겼어. 그리고 초나라의 수도를 무너뜨렸어.

작은 나라였던 오나라는 이제 강한 나라가 되었고 주변 나라들도 오나라를 겁내기 시작했어. 그게 다 내 공이 아니겠어?

합려가 죽고 그의 아들이 왕이 되었을 때도 나는 월나라를 공격해 크게 승리했어.

그 후 어떻게 되었냐고? 나는 벼슬을 떠나 학문을 연구하고 책을 쓰며 보냈어. 훗날 내 손자인 손빈도 병법에 뛰어나 〈손빈병법〉을 남겼단다.

최고의 병법책 〈손자병법〉

'병법'은 군사를 지휘해서 전쟁하는 방법을 말해요. 지금까지 전하는 병법책 중에서 손무가 쓴 〈손자병법〉은 최고의 병법책으로 꼽히고 있어요. 하지만 오늘날 남아 있는 것은 삼국 시대 정치가인 조조가 손무의 책을 요약하고 해석을 붙인 것이에요.

남아 있는 〈손자병법〉은 13편으로 이루어져 있어요. 군사들을 다루는 방법부터 실제 전투 방법, 승패를 결정하는 전략, 지형을 이용하는 방법 등 병법에 대한 모든 내용을 다루고 있지요.

그중 유명한 말이 나와요. '지피지기 백전불태'. 이 말은 남을 알고 나를 알면 백 번 싸워도 위태롭지 않다는 뜻이에요.

중국 시안에 있는 진시황릉 병마용갱

〈손자병법〉은 단순히 군사들을 위한 병법책이 아니라 복잡한 문제를 해결할 수 있는 지혜가 담겨 있는 책이에요. 그래서 오늘날에도 많은 사람들이 널리 읽고 있답니다.

내가 바로 대제국을 건설한 왕

알렉산드로스 대왕

내 이름은 알렉산드로스 3세!
사람들은 알렉산드로스 대왕이라고 불러.
내가 얼마나 큰 제국을 세웠냐면
내 이름을 딴 도시가 70개나 돼.
내가 어디까지 갔는지 궁금하지?

시대	기원전 356년~기원전 323년
별명	전쟁의 신
잘하는 것	승리
대표 업적	페르시아 정복, 동방 원정
하고 싶은 말	두려움을 정복하는 자가 세계를 정복한다!
특이 사항	그리스의 철학자 아리스토텔레스의 제자
키워드	마케도니아, 대제국, 인도, 헬레니즘

동서양을 아우르다

나는 그리스 북쪽의 마케도니아에서 태어났어. 내 아버지 필리포스 2세는 강력한 왕이었어. 아버지는 마케도니아의 힘을 키워 그리스를 정복했어. 이런 피를 물려받았으니 내가 얼마나 용감하겠어. 나는 아버지의 뒤를 이어 페르시아를 정복하기로 마음먹었어. 이때 내 나이는 겨우 스무 살이었단다.

"군사들이여, 더 넓은 페르시아 땅으로 가자!"

당시 페르시아는 다리우스 3세가 다스리고 있었어. 다리우스 3세는 우리 군보다 2배가 넘는 군사들을 이끌고 나왔어. 내가 다리우스 3세를 향해 매섭게 달려가자, 왕은 겁을 먹고 그대로 도망갔어. 나는 남은 페르시아군을 크게 무찔렀어.

"알렉산드로스 대왕 만세!"

나는 이집트를 정복한 후 다시 페르시아로 갔어. 다리우스 3세를 만나 또 한 번 승리했지. 이렇게 해서 나는 페르시아를 차지하게 되었단다.

정복한 땅에는 내 이름을 딴 도시도 만들었어. 도시 이름은 '알렉산드리아'야. 어때, 멋지지? 그때 만든 알렉산드리아가 70개나 돼. 지금도 곳곳에 알렉산드리아가 남아 있어.

"이제 동쪽으로 가자!"

나는 여기서 멈추지 않고 동쪽으로 계속 나아갔어. 중앙아시아를 지나 인도의 인더스강 유역에 이르렀을 때였어.

"대왕님, 오랜 전쟁으로 군사들이 많이 지쳐 있습니다. 그만 돌아가야 합니다."

나는 전쟁을 계속하고 싶었지만, 지친 군사들을 보니 마음이 약해지더라. 그래서 어쩔 수 없이 군대를 돌려 페르시아로 돌아왔어.

나는 가는 곳마다 그리스 문화를 퍼뜨렸어. 내가 정복한 넓은 땅에 그리스 문화가 널리 퍼졌고, 동양의 문화와 서양의 그리스 문화가 뒤섞인 새로운 문화가 탄생했어. 이 또한 내 업적이야.

나는 싸워서 단 한 번도 진 적이 없어. 그래서 페르시아와 이집트, 인도 인더스강 유역까지 모두 마케도니아의 땅으로 만들었어. 어마어마한 대제국을 건설했지만, 나는 갑자기 병으로 젊은 나이에 세상을 떠났어. 너무 갑작스러워 다음 왕을 누구로 할지 정하지 못했어.

결국 내가 죽고 난 뒤 대제국은 세 나라로 나뉘고 말았단다.

한입 꿀꺽 역사

동서양 문화가 어우러진 헬레니즘 문화

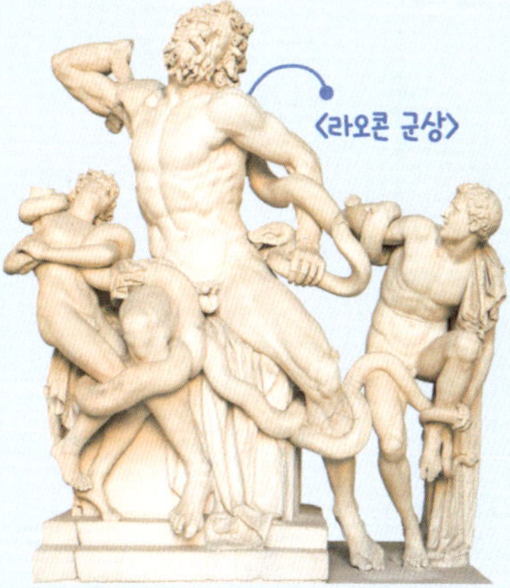

<라오콘 군상>

알렉산드로스 대왕은 정복한 땅에 그리스 문화를 널리 퍼뜨렸어요. 그러면서도 그리스 문화와 이집트, 페르시아, 인도 등 동양의 문화가 서로 어우러지도록 했지요. 이때 생긴 새로운 문화가 바로 '헬레니즘 문화'예요. '헬레니즘'은 그리스와 같은 문화라는 뜻이에요.

대제국이 세워지면서 국가나 민족보다는 개인이 행복하게 사는 것을 더 중요하게 생각했어요.

이런 생각은 과학과 예술에도 영향을 주었어요. 특히 예술 작품에서는 사람의 몸을 있는 그대로 표현하게 되었어요. 헬레니즘 문화를 대표하는 <밀로의 비너스>와 <라오콘 군상>은 사람의 몸을 그대로 표현해서 마치 살아 움직이는 것 같아요.

헬레니즘 문화는 알렉산드로스 대왕이 죽은 뒤에도 널리 퍼졌고 오랫동안 계속되었어요.

<밀로의 비너스>

내가 바로 한나라를 세운 일등 공신

한신

어떤 사람들은 나를 겁쟁이라고 해.
또 어떤 사람들은 나를 뛰어난 인물이라고 해.
과연 누구 말이 맞을까?
둘 다 맞아. 그렇다고 비웃지 마.
이래 봬도 난 대장군에 왕까지 된 사람이야.

시대	?~기원전 196년
일컫는 말	국사무쌍(나라에 둘도 없는 뛰어난 인물)
잘하는 것	고사성어 만들기
대표 업적	초나라 정복
하고 싶은 말	저는 많으면 많을수록 좋습니다.
특이 사항	항상 칼을 차고 다님.
키워드	가난, 유방, 천하 통일, 모함

병법도 모르는 장군

내가 어렸을 때 무척 가난했어. 이 집 저 집 돌아다니며 겨우 밥을 얻어 먹었지. 하루는 불량배가 나에게 시비를 걸어왔어. 나는 싸우는 대신 무릎을 꿇고 불량배의 가랑이 사이를 기어갔단다. 그러니 사람들이 나를 얼마나 비웃었겠어. 하지만 나는 아랑곳하지 않았어. 왜냐하면 나에게는 큰 뜻이 있었으니까.

역시 뛰어난 인물은 뛰어난 인물을 알아보는 법. 한나라의 높은 신하가 내 능력을 알아보고 왕인 유방에게 나를 추천했어.

"한신은 나라에 둘도 없는 뛰어난 인물입니다."

그 말을 듣고 유방은 나를 대장군으로 삼았어. 나는 한나라를 위해 열심히 싸우기로 마음먹었어.

드디어 한나라와 초나라의 싸움이 시작되었어. 항우가 이끄는 초나라는 무척 강했어. 한나라군은 싸움에서 크게 지고 겨우 빠져나갔어. 더 큰 문제는 다른 나라들이 초나라와 동맹을 맺어 한나라에 맞서기 시작한 거야.

다행히 한나라에는 나 한신이 있었어. 나는 군사들을 이끌고 초나라와 동맹을 맺은 나라들을 무너뜨렸어. 특히 조나라와 싸울 때는 내 뛰어난 능력을 제대로 발휘했어.

나는 먼저 강을 등지고 군사들에게 진을 치게 했어. 이 모습을 본 조나라 장군들은 비웃었어.

"하하! 한신은 병법도 모르는구나. 강을 등지고 진을 치는 배수진이라니."

그 말이 맞아. 강을 등지고 싸우면 도망갈 곳이 없어. 그래서 싸우다 죽거나 물에 빠져 죽거나 둘 중 하나지.

"죽지 않으려면 죽을 각오로 싸워라!"

역시 내 전략대로였어. 배수진을 친 한나라 군사들은 죽을힘을 다해 싸웠어. 놀란 조나라 군사들은 점점 뒤로 밀리더니 마침내 우리가 이겼어. 나는 배수진을 쳐서 우리 군보다 10배나 많은 조나라를 물리쳤어. 이게 바로 그 유명한 '배수진'이야.

"그래, 지금이 기회야. 제나라 왕은 바로 나야!"

나는 이어서 제나라마저 무너뜨리고 유방에게 제나라 왕 자리를 달라고 했어. 내 덕분에 제나라를 정복했는데 당연히 내가 왕이 되어야 하는 거 아니야? 유방은 내 도움이 필요해서 어쩔 수 없이 이를 허락했어. 이 일로 나는 유방과 사이가 나빠졌단다. 이후 나는 군사들을 이끌고 가서 초나라 군을 쓸어 버렸어.

그리고 세월이 흘렀어. 나를 믿지 못한 유방은 나를 허수아비 왕으로 만들더니 다시 왕의 자리에서 끌어내렸어. 그것도 모자라 황후는 나에게 죄를 덮어씌우고 목숨을 빼앗았단다. 허, 참, 기가 막혀! 정말 억울해!

한입 꿀꺽 역사

한신과 고사성어 이야기

배수진 말고도 한신과 관련된 고사성어가 있어요.

한신은 어릴 때 가난해서 밥을 얻어먹고 다녔어요. 하루는 강가에서 빨래를 하던 여자에게 밥을 얻어먹었지요. 한신은 잊지 않고 왕이 된 후 그 여자를 찾아가 은혜를 갚았어요. 여기서 나온 말이 '일반천금'이에요. 조그만 은혜에 크게 보답한다는 뜻이지요.

또 한신이 젊었을 때 불량배가 한신에게 시비를 걸었어요. 한신은 꾹 참고 불량배의 가랑이 사이를 기어갔지요. '과하지욕'은 가랑이 밑을 기어가는 치욕을 참는다는 뜻이에요. 한신이 치욕을 참은 덕분에 훗날 큰 뜻을 이룰 수 있었어요.

어느 날, 유방은 한신에게 자신이 얼마나 많은 군사를 거느릴 수 있는지 물었어요. 이에 한신은 10만 명이라고 대답했어요. 그러자 유방은 그대는 어떠냐고 다시 물었어요. 이번에는 한신이 다다익선이라고 대답했어요. '다다익선'은 많으면 많을수록 더 좋다는 뜻이에요.

내가 바로 알프스를 처음으로 넘은 영웅

한니발

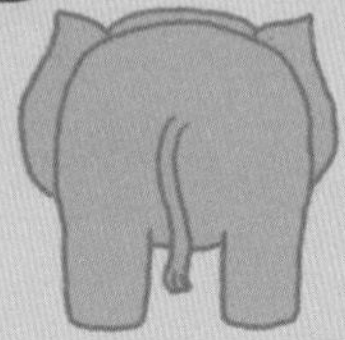

나는 카르타고의 명장 한니발이야.
내가 만약 전투에서 지지 않았다면
나는 역사에서 최고의 명장이 되었을 거야.
믿지 못하는 눈치인데?
내 말이 진짜인지 가짜인지 한번 들어 봐.

시대	기원전 247년~기원전 183년
별명	전략의 아버지
잘하는 것	허를 찌르기
대표 업적	제2차 포에니 전쟁
하고 싶은 말	아, 카르타고여! 나를 용서해 다오!
특이 사항	하밀카르 바르카 장군의 아들
키워드	로마, 복수, 코끼리 부대, 알프스산맥

아무도 생각하지 못한 길로 가다

로마가 지중해를 차지하기 전, 원래 지중해는 우리 카르타고가 꽉 잡고 있었어. 카르타고가 어떤 나라냐고? 카르타고는 페니키아 사람들이 북아프리카의 튀니지에 세운 나라야.

우리는 지중해에서 큰 힘을 떨칠 정도로 강한 나라였어. 그런데 로마가 점점 커지면서 자꾸 지중해를 넘보는 거야. 그래서 결국 로마와 전쟁이 벌어졌지.

로마는 고민이 이만저만이 아니었어. 로마군은 땅에서는 잘 싸우지만, 바다에서는 약했거든. 고민 끝에 로마는 배와 배 사이에 다리를 놓아 땅에서 싸우는 것처럼 만들었어. 그 결과 로마는 카르타고를 크게 이기고 지중해에 있는 섬까지 얻게 되었어.

'반드시 로마를 쓰러뜨리자.'

나는 굳게 다짐했어. 어릴 때부터 나는 로마에 대한 복수심에 불탔어. 그리고 끝까지 로마에 맞섰던 아버지를 닮아 용감하고, 뛰어난 전략을 가지고 있었지.

나는 군사들과 코끼리 부대를 이끌고 로마로 향했어. 로마는 내가 당연히 바다로 올 거라고 생각하고 바닷가에 숨어 있었어. 하지만 나는 이미 그것을 알고 있었어.

'아무도 생각하지 못한 방법으로 로마의 허를 찌르자!'

그래서 나는 군사들과 알프스산맥을 넘었어. 눈 덮인 알프스를 넘을 거라고 누가 상상이나 했겠어. 하지만 이 일은 그만큼 어렵고 힘들었어. 얼마나 힘든지 알프스를 넘는 도중에 절반이 넘는 군사들을 잃고 말았단다.

나는 남은 군사들을 격려하며 앞으로 나아갔어. 그리고 마침내 알프스를 넘어 로마를 공격했어. 내 전략은 대성공이었어! 내 뛰어난 전략으로 우리 군은 로마군과 싸워 크게 이겼어.

"시간을 끌어서 카르타고군을 지치게 만들어라!"

로마는 우리가 지치기만을 기다렸어. 이렇게 해서 나는 17년 동안 이탈리아 땅에 머물러야 했단다. 그러는 동안에도 나는 계속해 로마군을 괴롭혔어.

"큰일 났습니다! 로마가 카르타고를 공격했습니다!"

내가 이탈리아에 있는 사이, 로마가 내 나라 카르타고를 공격한 거야. 나는 로마를 눈앞에 두고 어쩔 수 없이 카르타고로 돌아갔어.

그 뒤 어떻게 되었냐고? 나는 전투에서 크게 졌고 시리아로 도망갔어. 로마군을 피해 다니다가, 끝내 독약을 마시고 스스로 목숨을 끊었단다.

"아, 카르타고여! 나를 용서해 다오!"

이게 내가 남긴 마지막 말이야.

한입 꿀꺽 역사

지중해를 두고 싸운 포에니 전쟁

로마는 이탈리아 땅을 통일하고 지중해로 나아가려 했어요. 하지만 이미 지중해에는 카르타고의 힘이 미치고 있었지요. 그래서 지중해를 차지하기 위해 로마와 카르타고는 100년이 넘는 시간 동안 싸웠어요. 이 전쟁을 '포에니 전쟁'이라고 해요. '포에니'는 로마 사람들이 카르타고 사람들을 부르던 말이에요.

포에니 전쟁은 모두 세 차례 일어났어요. 제1차 포에니 전쟁에서 로마가 이겼고, 로마는 그 대가로 시칠리아섬을 얻게 되었어요. 한니발은 제2차 포에니 전쟁을 이끌었어요. 처음에는 카르타고군이 이겼지만, 끝내 로마가 승리했어요. 제3차 포에니 전쟁은 로마와 카르타고의 마지막 전쟁이었어요. 이번 전쟁 역시 로마가 이겼어요.

결국 전쟁은 모두 로마의 승리로 끝났고, 카르타고는 멸망하게 되었어요. 이후 로마는 지중해에서 큰 힘을 떨쳤어요.

카르타고의 로마 시대 유적

내가 바로 로마의 일인자

카이사르

안녕? 로마에 온 것을 환영해.
나는 로마 최고의 권력자 카이사르야.
이제 로마에서 나와 맞설 사람은 아무도 없어.
내가 황제냐고?
아니! 하지만 황제나 다름없어.

시대	기원전 100년~기원전 44년
다른 이름	줄리어스 시저
잘하는 것	전쟁, 정치
대표 업적	갈리아 전쟁
하고 싶은 말	주사위는 던져졌다!
특이 사항	클레오파트라의 연인
키워드	폼페이우스, 갈리아, 루비콘강, 브루투스

루비콘강을 건너다

포에니 전쟁에서 로마가 이긴 것은 알고 있지? 덕분에 로마는 땅을 넓히고 노예와 재산을 늘려 갔어. 하지만 이게 꼭 좋은 것만은 아니야. 귀족들은 점점 더 부자가 되었지만, 농민들은 오히려 살기 어려워졌거든. 또 노예들도 힘든 생활을 해야 했고.

결국 농민과 노예들은 참지 못하고 난을 일으켰어. 농민과 노예들이 반란을 일으키자 나라는 무척 혼란스러웠어.

이때 세 지도자가 로마 땅을 나누어 다스리기로 했어. 나 카이사르, 폼페이우스, 크라수스가 말이야.

"위대한 카이사르 장군 만세!"

"카이사르는 가장 훌륭한 장군이야!"

자랑 같지만, 나는 사람들에게 인기가 많았어. 왜냐하면 싸움도 잘했고 전략도 잘 짰거든. 군사들도 나를 믿고 잘 따랐어.

내가 맡은 갈리아는 지금의 프랑스와 벨기에 땅이야. 나는 군사들을 이끌고 가서 갈리아와 전쟁을 했어. 그리고 마침내 갈리아 전쟁을 승리로 이끌면서 나는 더 큰 힘과 인기를 얻게 되었어.

갈리아에서 들려온 소식에 최고 기관인 원로원 사람들은 깜짝 놀랐어.

"큰일 났어요! 카이사르가 승리했대요! 이러다 로마를 차지하지 않을까요?"

원로원 사람들은 또 다른 지도자인 폼페이우스를 찾아갔어. 크라수스는 전쟁 중에 죽고 없었고, 폼페이우스가 유일하게 나와 맞설 수 있었거든. 원로원은 폼페이우스와 짜고 나를 몰아내기로 했어.

"뭐라고? 내가 반역을 했다고? 당장 원로원과 폼페이우스를 무찌르자!"

나는 군사들을 이끌고 로마로 향했어. 루비콘강에 다다랐을 때 잠시 망설였어. 당시에는 군대를 이끌고 루비콘강을 건너면 로마의 법을 어기는 것이었어.

"이 강을 건너면 진짜 반역인데……. 그래, 주사위는 던져졌다! 군사들아, 로마로 가자!"

우리 군이 재빨리 움직이자, 원로원은 싸울 엄두를 못 내고 무릎을 꿇었어. 폼페이우스도 이집트로 달아나 버렸고. 나는 폼페이우스를 쫓아 이집트로 갔어.

행운의 여신은 나의 편. 때마침 나에게 유리한 일이 벌어졌어. 내가 온다는 소식을 듣고 이집트에서 폼페이우스를 없앤 거야. 그때 이집트에서는 클레오파트라와 동생이 서로 왕이 되려고 했어. 나는 클레오파트라를 보고 사랑에 빠졌어. 그래서 클레오파트라를 왕이 되게 해 주었어.

나는 황제는 아니었지만, 황제나 마찬가지였어. 원로원 사람들은 혹시라도 내가 황제가 될까 봐 불안해했어. 그들은 내가 아들처럼 아끼던 브루투스와 함께 나를 없애기로 했어. 결국 나는 브루투스의 칼을 맞고 쓰러졌어.

"브루투스, 너마저……."

나는 마지막 말을 남기고 숨을 거두었단다.

이집트의 왕이 된 클레오파트라

클레오파트라는 기원전 69년에 태어났어요. 그녀는 어릴 때부터 책을 많이 읽어 똑똑했고 외국어도 잘했어요. 클레오파트라는 알려진 것과 달리 뛰어난 정치가였고 나라를 위해 노력하는 사람이었다고 해요.

클레오파트라는 카이사르의 도움으로 동생을 물리치고 왕이 되었어요. 클레오파트라와 카이사르 사이에는 카이사리온이라는 아들도 있었지요. 카이사르가 죽자, 클레오파트라는 서둘러 이집트로 돌아왔어요.

이후 클레오파트라는 로마의 군인이자 정치가인 안토니우스를 만났고, 두 사람은 결혼했어요. 안토니우스는 그녀에게 로마의 땅까지 주었지요.

클레오파트라 조각상

로마를 배신한 안토니우스를 무너뜨리기 위해 로마의 옥타비아누스는 악티움 바다에 군대를 보냈어요. 결국 싸움에서 진 안토니우스와 클레오파트라는 죽음을 맞았고, 이집트는 무너지고 말았어요.

내가 바로 의리의 상징

관우

놀랐어? 나는 소설 속 인물이 아니라
실제로 살았던 사람이야.
물론 중국 사람들은 나를 신처럼 여겨.
나를 위해 제사도 지내고.
왜냐고?
나 관우, 의리에 살고 의리에 죽는 신하니까.

시대	?~220년
별명	미염공(수염이 아름다운 사람)
좋아하는 것	충성, 의리
대표 업적	백마 전투, 적벽 대전
하고 싶은 말	의가 아닌 것은 취하지 않느니만 못하다.
특이 사항	대추처럼 붉은 얼굴
키워드	의형제, 유비바라기, 은혜, 관성제군(전쟁의 신)

의리를 지키다

내가 유비를 만났을 때 나라는 무척 어지러웠어. 여기저기 영웅들이 일어나 힘을 겨루고 서로 땅을 차지하려고 했지. 내가 형님으로 모신 유비도 그중 한 명이야. 내가 어려울 때 유비는 나를 끝까지 보호해 주었어. 그래서 나는 유비, 장비와 함께 의형제를 맺었단다.

"우리가 형제가 되었으니, 뜻을 모아 나라와 백성들을 편안하게 하겠습니다. 그리고 우리는 같은 날, 같은 시간에 죽기로 맹세합니다."

우리는 진짜 형제처럼 사이가 돈독했어.

한번은 유비가 조조와 싸우다 졌어. 조조는 당시 가장 큰 힘을 가진 영웅이었어. 그때 나는 그만 조조에게 붙잡히고 말았단다. 평소 나의 됨됨이를 존경해 왔던 조조는 나를 후하게 대접하고 벼슬까지 주었어.

"조조께서 저에게 잘 대해 주시는 것을 알고 있습니다. 하지만 저는 유비에게 큰 은혜를 입었고 함께 죽기로 맹세했으니, 이를 저버릴 수 없습니다. 저는 반드시 공을 세운 뒤 떠날 것입니다."

얼마 뒤 백마에서 전투가 벌어졌어. 나는 조조군이 보는 앞에서 말을 타고 나가 적을 단숨에 무찔렀어. 그렇게 나는 조조에게 은혜를 갚은 뒤 떠났어. 그러고는 말을 달려 유비가 있는 곳으로 돌아갔단다.

세월이 흘러 조조는 군사들을 이끌고 남쪽으로 내려왔어. 소식을 들은 유비는 손권과 손을 잡기로 했지. 손권은 중국 땅 남쪽에서 힘을 키우고 있었어.

사실 조조군은 물 위에서 싸우는 게 익숙하지 않았어. 그래서 배들을 연결하고, 널빤지를 깔아 배에서 배로 움직일 수 있도록 만들었어. 모든 준비가 끝나고 드디어 적벽에서 유비·손권의 연합군과 조조군이 마주쳤어.

바람이 불자 연합군은 배에 불을 붙이고 조조군의 배로 다가갔어. 하나로 연결된 조조군의 배는 불길에 휩싸였어. 이렇게 조조군을 크게 물리친 싸움이 바로 '적벽 대전'이야.

나 역시 적벽 대전에서 조조의 군대를 물리치는 데 큰 공을 세웠어. 그 뒤로도 나는 여러 전투에 나가 용맹을 떨쳤어.

한편 손권은 내가 지키는 형주를 차지하려고 꾀를 냈어. 이번에는 조조와 손을 잡고 형주를 공격한 거야. 소식을 듣고 급히 빠져나가려고 했지만 때는 이미 늦었어. 결국 나는 아들과 함께 손권의 군대에 사로잡히고 말았어.

"관우는 용맹해서 훗날 반드시 위험이 될 것입니다. 그를 없애야 합니다."

그렇게 나는 손권에게 목숨을 잃었단다.

한입 꿀꺽 역사

〈삼국지〉와 〈삼국지연의〉

조조가 죽고 아들인 조비가 황제가 되어 위나라를 세웠어요. 이어서 유비가 촉나라를, 손권이 오나라를 세웠지요. 이렇게 해서 중국은 위·촉·오 삼국으로 나뉘게 되었어요.

이때의 유비, 관우, 장비, 조조, 손권 등은 모두 실제로 살았던 사람들이에요. 물론 소설에 나오는 사람들이기도 하지요.

〈삼국지〉는 중국의 삼국 시대인 위·촉·오의 역사를 쓴 책이에요. 280년에 진나라의 역사가인 진수가 쓴 것으로, 중국의 역사가 기록되어 있어요.

훗날 명나라 때 나관중이 진수가 쓴 〈삼국지〉를 바탕으로 〈삼국지연의〉라는 소설을 썼어요. 오늘날 흔히 〈삼국지〉라고 부르는 책이 바로 〈삼국지연의〉예요. 지금도 〈삼국지연의〉는 사람들에게 많이 읽히고 있답니다.

중국 후베이성에 있는 유비, 관우, 장비의 동상

내가 바로 최고의 정복왕

광개토 대왕

고구려의 왕 중에 가장 위대한 왕이 누구게?
누구긴. 바로 나 광개토 대왕이지.
이름만 봐도 내 업적을 알 수 있잖아.
광개토는 영토를 크게 넓혔다는 뜻이야.
어때, 이 정도면 대왕이라고 불릴 만하지?

시대	374년~412년
다른 이름	광개토왕, 호태왕, 영락 대왕
잘하는 것	전쟁, 영토 넓히기
대표 업적	백제 공격, 후연 정벌
하고 싶은 말	내가 가는 곳은 모두 고구려의 땅이다.
특이 사항	장수왕의 아버지
키워드	백제, 신라, 후연, 최대 영토

주변 나라를 벌벌 떨게 하다

나는 왕이 되자마자 전쟁을 시작했어. 왜 그랬냐고?

'반드시 할아버지의 원수를 갚겠어.'

내 할아버지인 고국원왕은 백제와 싸우다 세상을 떠났어. 그래서 난 왕이 되기 전부터 백제를 공격하기로 결심했어.

왕이 된 후 나는 직접 군사들을 이끌고 백제로 향했어. 백제의 성들을 차례로 무너뜨렸고 한강 이북의 땅을 차지했어.

"백제는 고구려의 영원한 신하가 되겠습니다."

결국 백제 왕은 항복하며 무릎을 꿇었어. 그때 나는 정말 기뻤단다.

어느 날 신라에서 나를 찾아왔어.

"바다 건너 왜가 쳐들어와 신라가 위태롭습니다. 대왕님이 도와주시기를 바랍니다."

나는 신라를 돕기 위해 군사들을 보냈고 왜적들을 물리쳤어.

그러면 전쟁이 끝났냐고? 아니야. 나는 남쪽을 정벌하고 나서 북쪽으로 눈을 돌렸어. 북쪽에는 고구려와 사이가 나쁜 후연이 있었거든. 게다가 후연은 우리 군사들이 신라에 가 있는 사이, 고구려의 성을 공격해 왔어. 정말 비겁해!

와아아아!
국내성
와아아아ㅡ
와아아아!!

"감히 고구려를 공격하다니. 후연을 몰아내고 만주를 차지하자!"

"와아아!"

고구려 군사들이 매섭게 공격하자 후연 군대는 제대로 싸워 보지도 못하고 도망갔어. 고구려군은 기세를 몰아 후연 군대를 쓸어 버렸어.

그 밖에도 거란, 숙신, 동부여 등 북쪽에 있는 나라들을 정벌해 고구려 땅을 더 넓혔어. 용맹한 고구려군과 내 뛰어난 작전으로 우리는 가는 곳마다 승리했어. 사람들은 고구려군 소리만 들어도 벌벌 떨었어.

내가 정복한 땅이 얼마나 넓었냐면 만주 지방 대부분을 차지할 정도였어. 그 뒤로도 나는 동서남북으로 땅을 넓히며 고구려를 강한 나라로 만들었어.

나는 전쟁으로 땅만 넓힌 게 아니야. 넓은 땅에서 백성들이 편안하게 살 수 있도록 하는 데도 힘썼어. 내가 다스릴 때 나라는 부강하고, 백성이 편안하고, 온갖 곡식이 풍성하게 익었어.

안타깝게도 나는 39세의 젊은 나이로 세상을 떠났어. 너무 슬퍼하지 마. 내 아들인 장수왕이 내 뜻을 이어받아 영토를 더 넓히고 나를 기리는 비석을 세워 주었어. 정말 효자야.

한입 꿀꺽 역사

광개토 대왕과 관련된 유물

중국 지린성에 있는 광개토 대왕릉비

광개토 대왕의 아들인 장수왕은 아버지를 기리기 위해 비석을 세웠어요. 이 비석이 바로 '광개토 대왕릉비' 예요.

높이가 6미터가 넘는 큰 돌에는 고구려의 역사와 광개토 대왕의 업적이 4면에 새겨져 있어요. 새겨진 글자의 수는 무려 1,775자나 돼요. 비석에는 광개토 대왕이 세상을 떠날 때까지 64개의 성과 1,400개의 마을을 정복했다고 나와요.

또 광개토 대왕은 신라를 도와 왜군을 물리쳤어요. 그 후 고구려는 신라에 많은 영향을 끼쳤어요.

호우명 청동 그릇(국립중앙박물관 소장)

신라의 수도였던 경주의 한 무덤에서 '호우명 청동 그릇'이 발견되었는데, 그릇 바닥에는 '광개토지호태왕'이라는 글자가 새겨져 있었어요. 이것은 광개토 대왕의 이름이에요. 광개토 대왕을 위한 제기가 신라로 들어간 것을 통해 두 나라가 가깝게 지낸 것을 알 수 있어요.

내가 바로 최고의 전략가

을지문덕

나는 고구려의 장군 을지문덕이야.
혹시 을지로 알아? 을지문덕 군함은?
모두 내 이름을 딴 거야.
내 머리에서 나온 전략으로 수나라 대군을 물리쳤어.
그러니 내 이름이 여기저기 들어갈 만하지?

시대	?~?
다른 이름	위지문덕
잘하는 것	군사 작전 짜기, 시 짓기
대표 업적	살수 대첩
하고 싶은 말	만족을 알고 그만두기를 바라노라.
특이 사항	살수 대첩 외에는 아무것도 알려진 게 없음.
키워드	수나라, 우중문, 거짓 항복, 살수

살수 대첩의 영웅

수나라는 여러 나라로 나뉘어 있던 중국을 하나로 통일했어.

"고구려가 그렇게 대단해? 통일을 했으니 고구려를 쳐야겠어."

그 소식에 고구려의 영양왕은 곧바로 명령을 내렸어.

"우리가 먼저 수나라를 공격하자!"

영양왕은 수나라의 요서 지방을 앞서 공격했어.

예상하지 못한 공격에 수나라의 왕 문제는 화가 머리끝까지 났어. 수 문제는 30만 군대를 고구려로 보냈지만 지고 말았어. 수나라 군대는 군사 수만 많았지, 전략이 없었거든.

수 문제가 죽고 그의 아들이 왕이 되었어. 수 양제도 아버지에 이어 고구려에 쳐들어왔어. 이번에는 113만 대군을 이끌고서 말이야.

"어디 한번 와 보라지. 내 지혜로 대군을 무찔러 주마."

척 척 척. 어마어마한 대군이 고구려의 요동성에 다다랐어. 그러나 고구려 군사들은 성을 굳게 지켜 냈고, 수나라군은 끝내 성을 무너뜨리지 못했어.

그러자 수 양제는 30만 별동대를 꾸려 고구려의 수도인 평양성을 직접 공격하라고 했어. '별동대'는 작전을 위해 따로 행동하는 특별 부대야. 그래 봤자, 내 뛰어난 전략은 못 당할걸. 내 전략을 알려 줄게.

전략 하나, 적의 상황 알아내기. 알아보니 적들은 먼 길을 오느라 지치고 굶주려 있었어.

전략 둘, 적을 굶기기. 우리는 마을을 텅텅 비우고 적들이 사용할 수 있는 식량을 모조리 없애 버렸어.

전략 셋, 적을 꾀어내기. 우리는 일부러 지는 척하며 적들을 평양성 30리 밖까지 끌고 왔어.

고구려군은 하루에 일곱 번 싸우고 일곱 번 도망가며 수나라 군사들을 지치게 만들었어. 나는 마지막으로 수나라 장군 우중문에게 시를 썼어.

신기한 그대의 책략은 하늘을 꿰뚫었고,
오묘한 전술은 땅의 이치를 알았도다.
전쟁에서 이긴 공이 이미 높으니,
만족을 알고 그만두기를 바라노라.

칭찬 같지만, 사실은 거짓 항복에 속아 넘어갔으니 빨리 도망가라는 뜻이었어. 그제야 상황을 깨달은 우중문은 군대를 돌려 도망갔어. 그대로 살려 보내면 내가 아니지.

우리는 공격을 퍼부으며 수나라군을 살수로 몰았어. 살수는 지금의 청천강이야. 수나라 군사들이 강을 건널 때 또다시 공격했어. 수나라 30만 별동대 중에서 살아남은 사람은 겨우 2,700명뿐이었어. 고구려의 대승리야! 수나라는 무리한 전쟁으로 결국 멸망하고 말았단다.

한입 꿀꺽 역사

천하무적 고구려 철갑 기병

고구려는 강한 나라를 만들기 위해 군사력을 중요하게 생각했어요. 그래서 평소 군사들에게 활쏘기와 말타기 등의 훈련을 시켰어요. 또 좋은 창과 칼, 활, 도끼 등을 만드는 데 힘썼어요.

그래서 고구려의 군대는 매우 강했어요. 특히 '개마 무사'라고도 하는 철갑 기병은 고구려군의 자랑이었어요.

철갑 기병은 사람뿐만 아니라 말까지 갑옷을 입혀 완전 무장을 했어요. 이 갑옷은 작은 철판들을 가죽끈으로 엮어 만들었지요. 철갑 기병은 긴 창을 들고 싸웠는데, 창의 길이가 무려 5미터가 넘었다고 해요.

고구려의 고분 벽화에는 철갑 기병이 긴 창을 휘두르며 날쌔게 싸우는 모습이 생생하게 그려져 있어요.

내가 바로 유럽의 아버지

샤를마뉴 대제

나는 그냥 대제국을 만든 왕이 아니야.
서로마 제국을 이어받고
새로운 문화를 만든 위대한 황제라고.
어떻게 그게 가능했냐고?
든든한 군대와 뛰어난 내 능력 덕분이지.

시대	748년~814년
다른 이름	카롤루스 대제
좋아하는 것	말타기, 사냥, 수영, 학문
대표 업적	작센 전쟁
하고 싶은 말	돌과 나무와 하늘의 새들이 나의 무기가 될지어다.
특이 사항	190cm의 큰 키
키워드	게르만족, 기병, 로마 교황, 서로마 제국

서로마 제국의 황제가 되다

내 조상인 게르만족은 처음에 유럽 북쪽에 살았어. 그러다 로마로 내려왔고 결국 서로마 제국을 무너뜨렸어. 그리고 그곳에 여러 왕국들을 세웠는데, 그중 가장 발전한 곳이 프랑크 왕국이야. 내 아버지 피핀은 프랑크 왕국의 왕이었고.

나는 아버지를 이어 왕이 되었어.

"주변 나라들을 정복해 대제국을 만들어야겠어."

그러려면 잘 무장한 기병이 필요했어. 문제는 기병을 만드는 데 너무 많은 돈이 드는 거야. 병사, 갑옷, 무기, 말, 사료는 물론이고 갑옷을 시중들 사람과 말을 돌볼 사람까지 필요했지.

"그래, 그 방법이 있지!"

당시 프랑크 왕국은 왕이 영주에게 땅을 주고, 영주는 그 땅을 지키기 위해 기사들을 거느렸어. 영주는 땅을 받은 대가로 왕을 위해 군대를 보내야 했어. 나는 이걸 이용해 돈을 들이지 않고 잘 훈련된 영주의 기사를 얻었단다. 그리고 기사로 구성된 기병은 전쟁터에서 큰 활약을 했어.

내가 왕의 자리에 있는 동안 수많은 전쟁을 치렀어. 그중 가장 힘든 전쟁은 '작센 전쟁'이야. '작센'은 프랑크 왕국 북쪽에 있는 부족인데, 국경에서 끊임없이 말썽을 일으켰어. 말도 마. 33년 동안 18번이나 전쟁을 벌여야 했어.

그리고 오랜 전쟁 끝에 마침내 작센을 정복했어. 휴!

나는 작센과 전쟁을 하면서도 로마 교황의 요청으로 랑고바르드 왕국을 무너뜨리기도 했어. 또 이슬람 세력을 물리치기도 했지.

나는 전쟁을 통해 영토를 넓혔고 프랑크 왕국이 세워진 뒤 가장 넓은 땅을 차지하게 되었어.

이전에 내 도움을 받았던 로마 교황은 서로마 제국을 부활시키기로 결심했어.

800년 12월 25일, 성 베드로 대성당에서 서로마 황제 대관식이 열렸어.

"위대하고 평화로운 황제 샤를마뉴 대제에게 만수무강과 승리가 있기를 바랍니다."

"샤를마뉴 대제 만세! 서로마 제국 황제 만세!"

이 일로 서로마 제국이 부활하고 문화의 중심이 서유럽으로 바뀌었어. 내가 바로 게르만족 최초의 서로마 제국 황제야.

나는 정복 활동을 계속해서 옛 서로마 제국의 땅을 대부분 차지했어. 전쟁뿐이게? 난 학문도 좋아해서 학자들을 잘 대해 주고 학교를 세우기도 했어. 나 샤를마뉴 시대에 학문과 문화가 크게 발전한 건 말할 것도 없고.

한입꿀꺽역사

셋으로 갈라진 프랑크 왕국

샤를마뉴 대제가 세상을 떠나고 프랑크 왕국은 셋으로 갈라졌어요. 이 세 나라가 오늘날의 프랑스, 이탈리아, 독일이에요.

프랑크 왕국이 갈라질 무렵, 북쪽에서는 노르만족이, 동쪽에서는 마자르족이, 남쪽에는 이슬람 세력이 계속 쳐들어왔어요. 특히 노르만족은 유럽에 큰 피해를 주었어요.

'바이킹'이라고 부르는 노르만족은 원래 북부 유럽에 살았어요. 이들은 배를 타고 유럽 곳곳으로 가 침략을 일삼았지요.

프랑크 왕국이 갈라진 후 노르만족의 침입은 더 심해졌어요. 결국 서프랑크 왕국의 왕은 노르만족에게 땅 일부를 넘겨주었어요. 그곳이 바로 프랑스 서북부에 있는 '노르망디'예요. 노르망디는 '노르만족의 땅'이라는 뜻이랍니다.

내가 바로 고려의 별

강감찬

에헴, 사람들은 나를 장군이라고 부르지만
사실 난 문신이었어.
그런데 어떻게 전쟁에서 이겼냐고?
나는 둘째가라면 서러울 정도로
지혜롭고 용맹하니까. 진짜야!

시대	948년~1031년
어릴 때 이름	은천
좋아하는 것	학문, 무예
대표 업적	흥화진 전투, 귀주 대첩
하고 싶은 말	호랑이의 힘이 세어 두려워하나, 힘이란 언제나 지혜에 지는 법
특이 사항	작고 볼품없는 외모
키워드	문곡성, 거란, 소배압, 흥화진

70대에 전쟁터로 나가다

거란이 또다시 고려에 쳐들어왔어. 이번이 벌써 세 번째 침입이야. 정말 끈질기다니까! 이번에는 거란의 장군 소배압이 10만 군사를 이끌고 왔어.

바로 이때 내가 고려군을 이끌게 되었어. 당시 내 나이가 70세가 넘었지만 문제없어. 난 학문으로 관리가 된 문신이지만, 무예 실력도 뛰어나 장군이 된 사람이니까.

'거란군은 수도인 개경을 공격할 거야. 그러려면 흥화진을 건너야 해.'

나는 군사들과 흥화진으로 갔어. 흥화진은 지금의 평안북도 의주야.

"소가죽을 구해 와라!"

내 작전이 짐작이 가? 그렇다면 조금 더 말해 줄게. 나는 군사들에게 소가죽을 꿰어 이으라고 했어. 그러고는 이어 붙인 소가죽 둑으로 강물을 막으라고 했지. 그래, 강물을 막았다가 거란군이 지나갈 때 둑을 터뜨리는 작전이야!

어느새 흥화진에 도착한 거란군은 강을 건너기 시작했어.

"지금이다! 소가죽을 찢어라!"

콰르르! 둑을 터뜨리자 갇혔던 강물이 한꺼번에 쏟아지면서 거란군을 덮쳤어. 나는 이 틈을 놓치지 않고 공격을 퍼부었어. 결국 거란군은 큰 피해를 입고 허둥지둥 달아났어.

소배압은 남은 군사들을 데리고 개경으로 향했어. 소식을 들은 고려군은 들판의 곡식을 태워 거란군이 먹을 식량을 없앴어. 추운 날씨에 먹을 것마저 없으니 싸울 수가 없잖아. 결국 소배압은 싸움을 포기하고 거란으로 돌아가기로 했어.

역시 내 예상이 맞았어! 나는 모든 것을 예상하고 마지막 작전을 짰어.

거란군이 자기 나라로 되돌아가려면 반드시 귀주를 지나야 해. 나는 그곳에서 거란군을 기다렸어.

마침내 고려와 거란의 전투가 벌어졌어. 거란군은 지쳐 있었지만 죽기 살기로 싸웠어. 그래서 좀처럼 승부가 나지 않았어.

바로 그때였어. 휭! 바람의 방향이 거란군 쪽으로 바뀌었어.

“지금이다! 화살을 쏴라!”

내 명령에 따라 화살이 바람을 타고 비처럼 쏟아졌어. 거란군은 걸음아 날 살려라 하고 달아나기에 바빴지.

“누구도 살려 보내지 마라!”

고려군은 도망가는 거란군을 끝까지 공격했어. 거란의 10만 군사 중 살아서 돌아간 사람은 고작 수천 명이었어. 이 싸움이 바로 그 유명한 ‘귀주대첩’이야.

그 후 고려가 평화로웠던 건 모두 내 덕분이야.

강감찬에 관한 이야기

낙성대 안국사

서울에 있는 지하철역 중에 낙성대역이 있어요. 여기서 '낙성대'는 대학교 이름이 아니에요. 바로 고려를 지킨 강감찬이 태어난 곳이지요. 강감찬이 태어날 때 신기한 이야기가 전해져요.

어떤 사신이 고려에 왔을 때 하늘에서 큰 별이 떨어졌어요. 사신이 그곳을 찾아가 보니 강감찬이 태어나 있었지요. 그래서 강감찬이 태어난 곳을 '낙성대'라고 부르게 되었어요. 낙성대에 가면 강감찬의 동상과 비석, 3층 석탑, 사당인 안국사 등을 볼 수 있답니다.

또 이런 이야기도 전해요. 훗날 강감찬이 송나라 사신을 만났을 때 사신이 강감찬에게 큰절을 하며 이렇게 말했다고 해요.

"문곡성이 오래도록 보이지 않더니 바로 여기 있었군요."

문곡성은 학문이나 예술을 맡아서 관리하는 별이에요. 그러니까 문곡성이 강감찬의 몸에 들어 있다는 뜻이지요.

내가 바로 평화를 사랑한 왕

살라딘

허허! 만나서 반가워.
나는 이슬람 세계의 영웅이지만
유럽에서도 큰 존경을 받았어.
원수인 십자군도 그냥 용서해 주었거든.
왜냐하면 난 평화를 사랑하니까.

시대	1137년~1193년
본명	살라흐 앗 딘 유수프 이븐 아이유브
좋아하는 것	용서, 평화
대표 업적	하틴 전투
하고 싶은 말	관용과 애정으로 사람들의 신망을 얻어라.
특이 사항	검소한 생활
키워드	행운, 예루살렘, 복수 금지, 사자심왕

십자군을 물리친 이슬람의 영웅

난 정말 운이 좋아. 삼촌을 따라 이집트 정복에 나섰다가 총독 자리를 이어받았지 뭐야. 그리고 나는 새로운 왕조도 세웠어. 때마침 시리아 등을 다스리는 왕이 세상을 떠났다는 소식이 들려왔어. 나는 이참에 시리아도 차지하기로 마음먹었어. 그리고 마침내 이집트와 시리아까지 지배하게 되었단다.

이후에도 나는 행운이 함께해서 이슬람 세계를 통일하고 북아프리카에서 시리아, 메소포타미아에 이르는 대제국을 건설했어.

"이제 남은 것은 예루살렘을 되찾는 거야."

예루살렘은 십자군에게 빼앗긴 곳인데 기독교와 이슬람교에서 모두 중요하게 생각했어. 그래서 예루살렘을 두고 십자군과 이슬람 세력은 오랫동안 전쟁을 벌였단다. 나는 군사들을 이끌고 예루살렘으로 갔어.

내가 온다는 소식에 십자군은 뜨거운 태양 아래 먼 길을 걸어왔어.

"십자군이 오지 못하도록 화살을 쏘고 불을 피워라!"

우리 군사들은 쉴 새 없이 화살을 쏘아 대는 동시에 불을 지펴 십자군을 괴롭혔어. 십자군은 심한 갈증에 목이 마르고, 매운 연기에 눈이 아파 괴로워했지. 결국 우리 군은 싸움에서 크게 이겼어. 나는 포로로 잡힌 예루살렘의 왕에게 차가운 물을 대접하고 그를 살려 주었어.

나는 기세를 몰아 마침내 예루살렘을 빼앗는 데 성공했어. 이게 바로 '하틴 전투'야. 88년 만에 예루살렘을 되찾다니 너무 감격스러워!

그러자 예루살렘 사람들은 공포에 떨었어. 십자군은 지난 전쟁 때 예루살렘에 있던 이슬람교를 믿는 사람들에게 끔찍한 일을 저질렀거든. 그래서 예루살렘 사람들은 내가 당연히 복수를 할 거라고 생각했어. 하지만 난 달라.

"단 한 사람도 해치지 마라! 그리고 일정한 세금만 내면 예루살렘을 떠날 수 있도록 해라!"

사실 이런 행동은 당시에는 전혀 상상하기 어려웠어. 어떤 사람들은 내가 평범한 인간이라면 도저히 할 수 없는 행동을 했다고 생각하더라. 허허!

예루살렘을 빼앗겼다는 소식에 유럽은 제3차 십자군 전쟁을 준비했어. 이때 바로 영국의 왕 리처드 1세를 만났어. 리처드 왕은 '사자심왕'이라고 불릴 만큼 용맹했어. 비록 적으로 만났지만, 나는 리처드 왕을 존경했어. 그래서 그가 병으로 누웠을 때 과일과 얼음을 보내 주었어. 또 그가 전투 중에 말을 잃었을 때는 좋은 말 두 마리를 선물했어.

결국 나와 리처드 왕은 예루살렘은 이슬람이 지배하되 기독교를 믿는 사람들도 자유롭게 오갈 수 있다는 조건으로 평화 협정을 맺었어. 이런 신사적인 모습에 나는 이슬람은 물론 유럽 사람들에게 큰 존경을 받았어.

십자군 전쟁이 끝나고 얼마 되지 않아 나에게 죽음이 찾아왔어. 나는 평생 대부분의 재산을 어려운 사람들을 돕는 데 썼어. 그래서 내 무덤 하나 만들 돈조차 남기지 않았단다.

한입 꿀꺽 역사

예루살렘을 둘러싼 십자군 전쟁

예루살렘은 기독교와 이슬람교에서 신성하게 여기는 곳이에요. 예루살렘은 처음에 이슬람 세력이 차지하고 있었어요. 그러다 기독교를 믿는 사람들이 계속 찾아오자, 이슬람 사람들이 이를 막았어요.

이에 로마 교황은 예루살렘을 되찾기 위해 전쟁을 시작했어요. 이때 군사들의 가슴에 붉은색 십자 표시를 달아서 이들을 '십자군'이라고 불렀어요.

제1차 십자군 전쟁에서 십자군은 예루살렘을 빼앗는 데 성공했어요. 하지만 이슬람 사람들을 함부로 죽이고 물건을 빼앗는 등 끔찍한 일을 저질렀어요.

그 뒤 이슬람 세력은 힘을 모아 십자군을 공격했고 마침내 살라딘이 예루살렘을 되찾았어요.

약 200년 동안 십자군 전쟁이 계속되었지만, 십자군은 끝내 예루살렘을 빼앗지 못했어요. 오랜 전쟁으로 사람들은 고통받았고, 유럽 사회는 큰 변화를 겪게 되었어요.

오늘날 이스라엘의 수도인 예루살렘

내가 바로 세계 제국 건설자

칭기즈 칸

내 이름을 한 번쯤 들어 봤을걸.
근데 세계 제국을 건설한 비결이 뭐냐고?
사실 나는 어릴 때부터 수많은 어려움을 겪었어.
내가 어려운 환경을 이겨 내고 대제국을 건설한 비결은
바로 꺾이지 않는 의지란다.

시대	1162년~1227년
본명	테무친(좋은 쇠)
싫어하는 것	포기
대표 업적	정복 전쟁
하고 싶은 말	행동의 가치는 그 행동을 끝까지 이루는 데 있다.
특이 사항	무덤을 알 수 없음.
키워드	가난, 부족 통일, 기마병, 세계 정복

세계를 정복하다

내가 9살 때 아버지는 다른 부족에 의해 세상을 떠났어. 그러자 부족 사람들은 우리 가족을 쫓아냈어. 나는 어머니와 동생들을 돌보기 위해 풀뿌리를 캐고 들쥐, 물고기 등을 잡으며 겨우겨우 살았단다. 흑! 정말 죽을 만큼 고생했어.

'언젠가 부족의 힘을 되찾아 몽골을 통일할 거야.'

난 꿈을 포기하지 않았어. 내 용기와 노력으로 마침내 아버지의 부하들을 다시 모으는 데 성공했어. 나는 힘을 키워 몽골 부족을 통일하고 칭기즈 칸으로 불렸어. '칭기즈 칸'은 강력한 힘을 가진 왕이라는 뜻이야.

나는 먼저 군대를 제대로 갖추고 기병들을 잘 훈련시켰어. 우리 기병들은 몽골군의 자랑이야. 얼마나 날쌔고 잘 싸우는지 몽골의 기병에 맞설 적은 없을걸.

나는 군사들을 이끌고 먼저 서하를 무너뜨렸어. 그러고 나서 오랫동안 몽골족을 괴롭힌 금나라를 공격하기로 했지. 금나라는 툭하면 우리 땅에 들어와 물건을 빼앗고 사람들을 마구 죽였어. 그래서 나는 항상 마음속으로 복수를 다짐해 왔어.

"드디어 금나라에 복수할 날이 왔다. 목숨을 다해 싸우자!"

우리 군사들은 단숨에 금나라 군사들을 물리치고 성을 빼앗았어. 그러고는 금나라의 수도까지 무너뜨렸어. 그제야 금나라 황제는 허겁지겁 사람과 선물을 보내며 돌아가 달라고 부탁했어. 나는 못 이기는 척 군사를 돌렸단다.

그 뒤 나는 더 넓은 중앙아시아로 눈을 돌렸어. 당시 이 지역에는 호라즘 왕국이 있었어. '호라즘'은 지금의 우즈베키스탄, 투르크메니스탄, 이란 등에 있던 거대한 나라로, 이슬람교를 믿었어. 나는 아들들과 군대를 이끌고 호라즘으로 쳐들어갔어. 도시는 쑥대밭이 되었고 많은 사람들이 죽거나 끌려갔지.

나는 여기서 멈추지 않고 남러시아를 거쳐 페르시아까지 뻗어 나갔어. 나에게 항복하는 사람들은 용서해 주었지만, 맞서 싸우는 사람들은 살려 두지 않았어. 사람들은 내 이름만 들어도 벌벌 떨었어. 그러면서 몽골 제국은 유라시아 대륙을 아우르는 넓은 영토를 차지했어.

그래 맞아. 내가 잔인했던 건 인정해. 하지만 난 여러 나라를 정복하면서 뛰어난 인물을 부하로 삼았고, 전쟁에서 얻은 물건들을 부하들에게 공평하게 나누어 주었어. 또 정복한 나라의 문화를 존중해 주었고. 이 정도면 최고의 리더지.

내가 세상을 떠난 후 내 아들들은 거대한 몽골 제국을 나누어 다스렸어. 훗날 내 손자인 쿠빌라이는 중국 땅에 원나라를 세웠단다.

한입 꿀꺽 역사

몽골군이 잘 싸웠던 이유

몽골의 수도 울란바토르에 있는 칭기즈 칸 동상

몽골군이 넓은 땅을 정복할 수 있었던 이유는 바로 말을 잘 탔기 때문이에요. 몽골족은 어릴 때부터 말 타는 법을 배워서 다른 군사들보다 말을 잘 다루었어요.

또 몽골군은 창과 칼로도 무장했지만, 이들에게 가장 중요한 무기는 활이었어요. 몽골군의 활은 먼 거리까지 날아갈 정도로 강력했어요. 그리고 철로 만든 무거운 갑옷 대신 가죽으로 만든 가벼운 갑옷을 입어 싸울 때 유리했어요.

무엇보다 몽골군은 무기나 식량 등을 대어 주는 보급 부대가 따로 필요 없었어요. 왜냐하면 기병 1명이 3~5마리의 말을 끌고 다녔기 때문이에요. 몽골의 기병은 말이 지치면 다른 말로 갈아타서, 같은 말을 오래 탄 적군보다 빠르게 움직일 수 있었어요.

이처럼 빠른 말과 강한 활, 가벼운 갑옷 등으로 몽골군이 잘 싸울 수 있었답니다.

내가 바로 프랑스를 구한 영웅

잔 다르크

나는 남자도 아니고 군인도 아니야.
농부의 딸로 태어났지만,
전쟁에 나가 프랑스를 구했어.
어디 그뿐이게?
내 도움으로 왕이 된 사람도 있어.
이것은 모두 신의 뜻이었단다.

시대	1412년~1431년
별명	오를레앙의 성녀
싫어하는 것	영국
대표 업적	오를레앙 전투
하고 싶은 말	나는 두렵지 않다. 나는 이것을 위해 태어났다.
특이 사항	신의 목소리를 들음.
키워드	평범한 소녀, 국민 영웅, 샤를 7세, 누명

신의 목소리를 듣다

내가 태어나기 전부터 영국과 프랑스는 전쟁을 하고 있었어. 왜 싸웠냐고? 바로 욕심 많은 영국의 왕 에드워드 3세 때문이야.

프랑스의 왕 샤를 4세가 세상을 떠나자, 사촌인 필리프 6세가 왕이 되기로 했어. 그런데 갑자기 에드워드 3세가 자신이 프랑스 왕이 되어야 한다는 거야. 자기 어머니가 샤를 4세의 누나라는 게 그 이유였어. 지금으로 보면 말도 안 되지만, 당시 유럽에서는 그게 가능했어.

그러나 결국 필리프 6세가 프랑스의 왕이 되었어. 에드워드 3세는 이를 빌미로 프랑스에 쳐들어왔지. 이렇게 해서 '백 년 전쟁'이 시작된 거야.

그리고 세월이 흘렀어. 전쟁을 하는 동안 왕도 여러 번 바뀌었지.

어느 날 신의 목소리가 들려왔어.

"프랑스를 구하라!"

당시 프랑스는 위기에 처해 있었어. 영국에 프랑스 땅 대부분을 빼앗겼고 프랑스 중부에 있는 오를레앙 지역만 남아 있었지.

"이건 분명 신의 목소리야. 당장 나가서 프랑스를 구해야 해."

나는 샤를 왕자를 찾아갔어.

"저는 신의 말씀을 들었습니다. 저에게 군대를 주시면 오를레앙을 지키겠습니다."

마침내 나는 17살에 군대를 이끌고 오를레앙으로 갔어. 프랑스군은 내가 용감하게 나서는 모습을 보고 용기를 얻었어.

"신의 뜻에 따라 우리가 승리할 것이다! 공격하라!"

나는 앞장서서 전투를 지휘했고 프랑스군은 영국군을 무찌르기 시작했어. 결과가 어땠을 것 같니? 놀랍게도 프랑스의 대승리였어! '오를레앙 전투'는 이후 프랑스가 영국을 물리치는 계기가 되었단다. 이어서 나는 곳곳에서 영국군을 무찔렀어. 내 모습만 보고도 도망가는 영국군이 있었다니까.

"샤를 왕자님, 저는 또다시 신의 말씀을 들었습니다. 이제 프랑스의 왕이 되셔야 합니다."

샤를 왕자는 내 말에 따라 대관식을 올리고 왕이 되었단다. 그가 바로 샤를 7세야.

나는 다른 전투에 나갔다가 그만 영국군에게 붙잡혔어. 그리고 재판에서 마녀라는 누명을 쓰고 목숨을 잃고 말았어.

하지만 내 죽음은 헛되지 않았어. 내 죽음에 자극을 받은 프랑스군은 영국군을 완전히 몰아냈고, 길었던 전쟁도 끝이 났단다.

한입꿀꺽 역사

100년 넘게 싸운 백 년 전쟁

오를레앙에 있는 잔 다르크 동상

영국과 프랑스는 왕의 자리를 두고 '백 년 전쟁'을 했어요. 백 년 전쟁은 1337년부터 1453년까지 100년 넘게 벌어졌지요. 두 나라는 정말 100년 넘게 싸움을 했을까요?

사실 100년 동안 싸움이 일어난 일은 많지 않았어요. 백 년 전쟁에는 기사들이 참가했는데, 기사들은 정해진 기간이 끝나면 싸움을 멈추고 돌아가 버렸어요.

또 유럽에 흑사병이 돌아 도저히 전쟁을 할 수가 없었어요. 흑사병은 유럽 인구의 약 3분의 1이 목숨을 잃을 정도로 무서운 전염병이었어요. 그러다 반란이 일어나면 또다시 전쟁을 멈추었어요. 이런 이유로 싸우지 않는 기간이 길어져 100년이 넘게 된 거랍니다.

오랫동안 이어지던 전쟁은 잔 다르크의 활약으로 전쟁의 분위기가 뒤바뀌었어요. 그리고 마침내 프랑스의 샤를 7세는 영국이 차지한 땅을 대부분 되찾으며 백 년 전쟁에서 승리했어요.

내가 바로 전국의 일인자

오다 노부나가

내 꿈은 일본 전국 통일이었어.
그래서 꿈을 이뤘냐고?
아니, 그러지 못했어.
왜냐하면 통일을 눈앞에 두고 세상을 떠났거든.
내가 그동안 통일을 위해
얼마나 노력했는지 알아주길 바라.

시대	1534년~1582년
별명	오와리의 멍청이
좋아하는 것	춤과 노래
대표 업적	오케하자마 전투, 나가시노 전투
하고 싶은 말	의미 없는 일은 하지 마라.
특이 사항	불같은 성격
키워드	일본 통일, 조총, 배신, 도요토미 히데요시

통일을 꿈꾼 최고 전략가

나는 지방 호족의 아들로 태어났어. 어렸을 때 내 별명이 뭐였는지 알아? 바로 오와리의 멍청이였어. 내 행동이 이상하고 외모가 단정하지 못해서 그런 별명으로 불렸어. 하지만 내가 이런 데에는 다 이유가 있었어. 전쟁이 계속되는 불안한 시대에 그건 내가 살아남기 위한 방법이었어.

가문을 잇게 되자 나는 예전의 모습이 아닌 뛰어난 전략가로 변신했어. 그래서 오와리국의 땅을 모두 차지하고 기요스성의 주인이 되었지.

당시 일본은 전국 시대로, 나라가 무척 혼란스러웠어. 지방에서 힘을 키운 사람들은 땅을 더 많이 차지하기 위해 전쟁을 계속했어. 백성들은 혼란과 고통에 빠져 있었고.

내가 오와리국을 통일하자, 동쪽 세력이었던 이마가와 요시모토가 대군을 이끌고 쳐들어왔어. 요시모토는 최고의 무사로 알려진 사람이야. 그런 사람을 상대하기에 내가 가진 군사는 너무 적었어.

"대군을 상대로 싸우는 건 불가능해. 기회를 틈타 기습 공격을 하자."

때마침 요시모토 군대가 쉬고 있다는 보고가 들어왔어. 나는 좋아하는 노래를 부르고 춤을 춘 뒤 군사들에게 명령을 내렸어. 갑작스러운 공격에 요시모토 군대는 크게 지고 말았어. 이게 바로 '오케하자마 전투'야. 이때 처음으로 세상에 내 이름을 알리게 되었어.

"전쟁을 빨리 끝내고 통일해야 해. 내 힘으로 일본을 덮겠어!"

나는 통일을 하고 싶은 마음이 무척 컸어. 그래서 경쟁자들을 물리치고 중심지인 교토에 세력을 넓혔어. 그런 다음 권력을 잡고 전국을 통일하는 일에 힘썼어.

나는 새로운 것을 받아들이는 데도 빨랐어. 포르투갈 상인을 통해 들어온 조총을 보고 싸움에 유리할 거라고 판단했지. 그래서 누구보다 더 빨리 조총을 많이 만들고 조총 부대도 만들었어.

"장애물을 만들고 그 뒤에 조총 부대를 두어라!"

조총 부대가 쏘는 총알에 일본 최강의 기병들도 그대로 쓰러졌어. '나가시노 전투'에서 나는 조총 부대를 앞세워 승리했단다. 그렇게 반대 세력을 물리치며 나는 최고 권력을 쥐게 되었어. 이제 일본의 통일을 눈앞에 두고 있었지.

마지막 남은 것은 모리씨였어. 내 부하인 도요토미 히데요시가 모리씨와 싸우다 불리해지자 도움을 요청했어. 나는 히데요시를 돕기 위해 직접 군사들을 이끌고 갔어.

그런데 이게 웬 날벼락이야. 내가 아끼던 부하 중 한 명이 갑자기 나를 공격했어. 부하의 배신에 있는 힘을 다해서 싸웠지만 당해 낼 수 없었어. 나는 죽음을 받아들이고 스스로 목숨을 끊었단다.

그 후 도요토미 히데요시가 전쟁에서 승리하며 일본을 통일했어.

한입 꿀꺽 역사

전투 방법을 바꿔 놓은 조총

조총(부산광역시립박물관 소장)

'조총'은 총에 화약을 넣고 심지에 불을 붙여 발사하는 총이에요. 다른 말로 '화승총'이라고도 해요.

조총은 1543년에 포르투갈 상인에 의해 일본에 전해졌어요. 당시에 조총은 값이 비싸고 한 번 총을 쏘는 데 시간이 오래 걸렸어요.

오다 노부나가는 조총을 잘 활용하면 전투에서 이길 수 있다고 생각했어요. 그래서 재빨리 조총 부대를 꾸미고 이에 맞는 전술을 만들었어요.

오다 노부나가는 조총 부대를 세 줄로 세워 차례대로 총을 쏘게 했어요. 첫째 줄이 총을 쏘는 동안 나머지 두 줄은 화약을 넣고 불을 붙이는 방법으로, 각 줄이 교대로 총을 쏘게 했어요. 이렇게 해서 오다 노부나가는 나가시노 전투에서 소규모 조총 부대로 크게 승리했어요.

이것을 본 사람들은 조총 부대를 만들었고 전투 방법도 바뀌었어요.

내가 바로 민족의 영웅

이순신

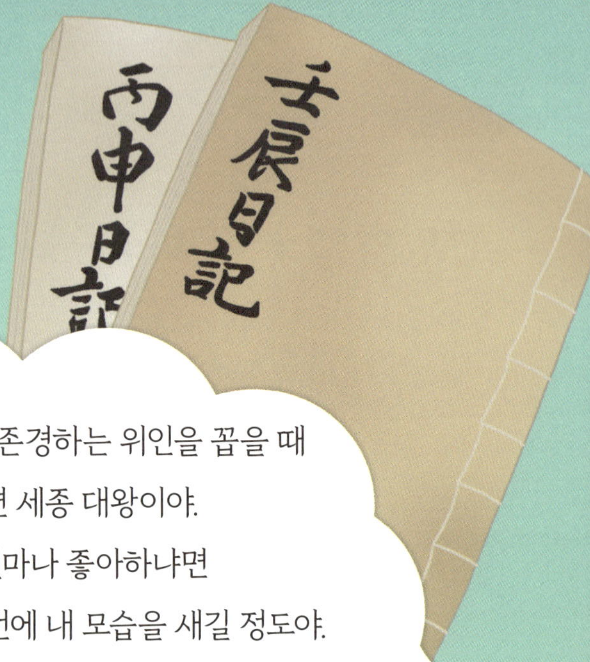

우리나라 사람들이 가장 존경하는 위인을 꼽을 때
대부분 나 아니면 세종 대왕이야.
사람들이 나를 얼마나 좋아하냐면
가장 널리 쓰던 100원 동전에 내 모습을 새길 정도야.
그러니 잊지 말고 항상 나를 기억해 주렴.

시대	1545년~1598년
칭송하는 이름	충무공
모르는 것	패배
대표 업적	한산도 대첩, 명량 대첩, 노량 해전
하고 싶은 말	죽고자 하면 살 것이오, 살고자 하면 죽을 것이다!
특이 사항	<난중일기>의 작가
키워드	임진왜란, 거북선, 조선 수군, 학익진

조선의 바다를 지켜라

나는 전라 좌수사가 되고 나서 왜군과의 전쟁에 대비했어. 머지않아 전쟁이 일어날 것 같았거든. 그래서 미리 거북선을 만들고 수군을 훈련시켰어.

그리고 얼마 지나지 않아 정말로 임진왜란이 일어났어. 육지에서 군사들은 계속해서 졌고, 선조 임금은 한양을 버리고 도망갔어. 조선은 바람 앞의 등불처럼 매우 위태로웠어.

나는 수군을 이끌고 바다로 나갔어. 조선 수군은 그동안 훈련한 대로 침착하게 싸웠어. 그리고 옥포에서 값진 첫 승리를 얻었단다.

‘한산도 대첩’이라고 들어 봤어? 세계 최고 해전 중 하나로 꼽힐 만큼 대단한 전투야. 나는 이때 ‘학익진 전법’을 썼어. 마치 학이 날개를 펼친 듯 적을 둘러싸는 것이야. 그런 다음 적과의 거리를 정확히 재서, 대포로 적의 배를 정확히 맞혔어. 정말 기막히지?

왜군이 더 몰려온대도 끄떡없어. 바다에는 나 이순신과 조선 수군이 있으니까. 우리는 바다 싸움을 모두 승리로 이끌며 조선을 위기에서 구했어.

내 인기가 높아지자 나를 질투하는 사람들이 늘어났어. 나는 모함을 받고 벼슬에서 쫓겨났어. 심지어 감옥에 갇히기까지 했단다. 정말 고통스러운 시간이었어. 그래도 이 나라만 생각하며 참고 견뎠어.

내가 없는 수군은 말해 뭐 해? 그동안 애써 만든 배들도 대부분 잃고 없었어. 상황이 심각해지자 선조는 나에게 다시 벼슬을 내렸어. 모두가 포기하려던 그때!

"신에게는 아직 12척의 배가 남아 있습니다."

내가 죽지 않는 한 왜군은 감히 조선 수군을 얕보지 못해! 나는 배 1척을 더 구해서 133척의 왜군과 전투를 벌였어.

"죽고자 하면 살 것이오, 살고자 하면 죽을 것이다!"

이 싸움에서 지면 조선은 일본에 넘어갈 수도 있는 상황이었어. 나와 수군은 죽을 각오로 싸웠고, 마침내 기적 같은 승리를 거두었어. 우리가 어찌나 매섭게 싸웠는지 왜군은 내 이름만 들어도 도망가기에 바빴단다.

임진왜란을 일으킨 도요토미 히데요시가 죽자, 왜군은 조선에서 물러나기 시작했어. 나는 돌아가는 왜군을 마지막으로 공격했어.

탕! 나는 그만 적이 쏜 총탄에 맞고 말았어.

"싸움이 급하니 나의 죽음을 알리지 마라."

우리 수군은 크게 이겼고 7년 동안의 긴 전쟁도 끝이 났어.

한입 꿀꺽 역사

조선의 바다를 지킨 배들

조선 수군의 가장 중요한 배는 판옥선이에요. 판옥선은 배 위에 기둥을 세우고 판자를 덮어 만들었어요. 그래서 높이가 높아 아래를 향해 대포나 화살을 쏠 수 있었지요. 판옥선은 바닥이 평평해서 속도는 느리지만, 방향을 바꾸는 데 유리했어요. 반면 일본 배는 바닥이 뾰족해서 속도는 빠르지만, 회전이 느렸어요.

거북선은 앞에 용머리가 달려 있지만 전체적인 모습은 거북과 비슷해요. 등에는 못과 칼을 꽂아 적이 뛰어오르지 못하게 했어요. 또 안에서는 밖을 볼 수 있지만 밖에서는 안을 볼 수 없게 만들었어요.

거북선은 대포를 쏘면서도 노를 저어 빠르게 움직일 수 있었어요. 그래서 바다 싸움이 벌어지면 가장 먼저 나아가 일본 배에 부딪치거나, 사방으로 대포와 화살을 쏘며 공격했답니다.

<전함도>(국립중앙박물관 소장)

내가 바로 예술을 사랑한 군사 전략가

프리드리히 2세

나는 플루트 연주도 잘하고,
시 짓는 것도 좋아했어.
아버지는 그런 나를 몹시 못마땅해했어.
내가 마음이 약해서 나라를 잘 이끌 수 없다나?
과연 그랬을까?

시대	1712년~1786년
다른 이름	프리드리히 대왕
좋아하는 것	문학, 예술, 전쟁
대표 업적	오스트리아 왕위 계승 전쟁, 7년 전쟁
하고 싶은 말	나는 국가의 첫 번째 심부름꾼이다.
특이 사항	프랑스의 문학가 볼테르와 친구
키워드	엄한 아버지, 강한 군대, 슐레지엔, 유럽의 강대국

프로이센을 강대국으로 키우다

'프로이센'이라고 들어 봤니? 프로이센은 지금의 독일 동북부에 있었던 나라야. 내 아버지인 프리드리히 빌헬름 1세는 강한 군대를 만들기 위해 노력했어. 아버지는 군대를 늘리는 데 힘써서 '군인왕'으로도 불렸어.

어렸을 때 나는 플루트를 연주하고 시 짓는 것을 좋아했어. 아버지는 내가 강한 군인이 되길 바랐지. 이 때문에 나는 아버지와 사이가 나빠졌고, 화가 난 아버지는 나를 감옥에 가두기도 했어.

그래도 내가 아버지를 많이 닮았나 봐. 왕이 된 후 나는 씩씩한 군인의 모습을 갖추었고, 아버지보다 더 강한 군대를 만들었어.

"강한 군대를 바탕으로 프로이센을 유럽의 강대국으로 만들겠어!"

그렇다고 내가 예술을 멀리한 건 아니야. 나는 여전히 예술을 사랑하고 책도 썼어. 특히 프랑스의 문학가 볼테르와 편지를 주고받기도 했단다.

그즈음 오스트리아 황제가 세상을 떠났는데 뒤를 이을 아들이 없었어. 그래서 딸인 마리아 테레지아가 왕위에 올랐어.

"여자가 왕이 되어서는 안 돼!"

나는 군대를 이끌고 오스트리아 슐레지엔으로 쳐들어갔어. 슐레지엔은 지금의 폴란드와 체코에 걸친 땅이야. 여기에는 프로이센뿐만 아니라 프랑스, 에스파냐 등이 함께 나섰어. 이 전쟁이 바로 '오스트리아 왕위 계승 전쟁'이야.

"슐레지엔을 넘겨주면 왕위를 인정하겠다!"

사실 내가 다른 나라의 왕위 문제에 반대하며 나선 이유는 다른 데 있었어. 슐레지엔은 지하자원이 풍부한 곳이야. 그래서 프로이센을 강대국으로 만들려면 슐레지엔이 꼭 필요했어.

나는 전쟁을 일으켜서 마침내 슐레지엔에 대한 권리를 인정받고 배상금까지 얻어 냈어. 물론 얻은 것도 있지만 잃은 것도 있어. 볼테르는 내가 전쟁을 일으킨 것을 비난하며 나를 떠났어.

얼마나 시간이 지났을까? 마리아 테레지아는 프랑스, 러시아와 손잡고 슐레지엔을 되찾으려고 했어. 나도 영국과 함께 싸우기로 했지. 이때부터 '7년 전쟁'이 시작되었어.

우리 군은 열심히 싸웠지만 오스트리아 연합군이 워낙 많아서 불리했어. 심지어 우리를 돕던 영국군이 돌아가면서 나는 궁지에 몰렸어.

그런데 뜻밖의 행운이 찾아왔어. 러시아의 여왕이 세상을 떠나자, 러시아 군대가 자기 나라로 돌아간 거야. 게다가 나를 존경하는 사람이 러시아의 새 왕이 되는 일까지 벌어졌어. 결국 나는 승리를 거두었고 슐레지엔을 완전히 얻게 되었어.

이렇게 해서 프로이센은 유럽에서 가장 힘센 나라가 되었단다.

한입 꿀꺽 역사

프리드리히 2세가 만든 상수시 궁전

상수시 궁전은 독일의 포츠담에 있는 여름 궁전이에요. 프랑스 예술을 사랑한 프리드리히 2세는 프랑스에 있는 베르사유 궁전을 따라 상수시 궁전을 지었어요. 상수시는 프랑스어로 '걱정이 없는'이라는 뜻이에요.

상수시 궁전은 1층으로 되어 있고 화려한 장식이 특징이에요. 내부에는 침실, 도서실, 갤러리, 음악실, 손님을 맞는 방 등이 있지요. 프리드리히 2세는 상수시 궁전에 정치가, 학자, 예술가 등을 초대했어요. 특히 프랑스의 문학가 볼테르를 초대해 예술에 대해 토론했지요. 또 이곳에서 자신의 플루트 연주회를 열기도 했답니다.

상수시 궁전의 정원은 시계탑과 풍차, 포도나무 덩굴로 덮인 테라스 등으로 매우 아름다워요. 이런 가치를 인정받아 상수시 궁전과 정원은 유네스코 세계 문화유산으로 지정되었어요.

상수시 궁전

내가 바로 영국 역사상 가장 위대한 영웅

넬슨

나는 전투에서 오른쪽 눈과 팔을 잃었지만
그 후에도 여러 전투에서 승리했어.
유럽을 정복한 나폴레옹도
내가 이끄는 영국 해군 앞에서는 맥없이 무너졌어.
내가 어떻게 바다에서 승리했는지 궁금하지?

시대	1758년~1805년
별명	나일강의 남작
싫어하는 것	프랑스 함대
대표 업적	나일 해전, 트라팔가르 해전
하고 싶은 말	영국은 모든 이들이 자신의 의무를 다하기를 기대한다!
특이 사항	평생 뱃멀미로 고생함.
키워드	해군, 용기, 나폴레옹, 트라팔가르

꺾이지 않는 의지

내가 해군이 된 데는 외삼촌의 영향이 컸어. 내 외삼촌은 유명한 해군 대령이었거든. 나는 외삼촌의 도움으로 12살에 해군에 들어갔어. 지금으로 보면 너무 어린 나이지만, 당시에는 가능했어.

나는 항해술을 익히며 열심히 노력했고, 마침내 해군 장교가 되었어. 이후 미국 독립 전쟁과 프랑스 혁명 전쟁 등에도 나가 싸웠어.

지중해에 있는 코르시카섬에서 싸울 때였어. 대포에 튄 돌 조각에 맞아 나는 그만 오른쪽 눈을 잃고 말았어. 불행은 잇따라 일어났어. 3년 후에는 총에 맞아 오른쪽 팔마저 잃게 되었어.

하지만 나는 용기를 잃지 않았어. 꺾이지 않는 내 의지를 보고 영국은 내게 중요한 임무를 맡겼어. 바로 나폴레옹의 프랑스 함대에 맞서 영국 함대를 지휘하는 것이었어.

당시 나폴레옹은 대군을 거느리고 이집트에 있었어. 아무리 나폴레옹이라도 나에게는 뛰어난 전략이 있고 잘 훈련된 군사들이 있었어. 나는 함대를 이끌고 이집트 나일강으로 향했단다.

나는 전통적인 공격 방법을 깨고 새로운 전략을 짰어. 그것은 영국 함대를 둘로 나눠 프랑스 함대를 양쪽에서 공격하는 거야. 우리 함대가 양쪽에서 대포를 쏘아 대자 프랑스 함대는 오도 가도 못하고 혼란에 빠졌어. 프랑스 함대 13척 중에서 2척만 간신히 도망가고, 나머지는 파괴되거나 빼앗겼어. 우리 쪽은 어땠냐고? 파괴된 영국 함대는 1척도 없었어.

나일 해전의 승리로 나는 '나일강의 남작'으로 불리게 되었어.

나폴레옹은 혼자 힘으로는 영국 해군을 당해 내기 어렵다고 생각했어. 그래서 에스파냐와 손잡고 프랑스·에스파냐 연합 함대를 만들었어. 33척의 연합 함대에 맞서 나는 27척의 함대를 이끌고 에스파냐의 트라팔가르 앞바다로 나갔어.

"영국은 모든 이들이 자신의 의무를 다하기를 기대한다!"

내 전략은 연합 함대의 가운데를 갈라 공격하는 거야. 나는 위험을 무릅쓰고 적의 가운데로 들어가 지휘했어. 나의 눈부신 지휘 때문일까? 연합 함대의 배 5척을 완전히 파괴하고 17척을 빼앗았어. 이번에도 영국 함대는 단 1척의 피해도 보지 않았어.

그때였어.

"탕!"

나는 그만 프랑스군이 쏜 총탄에 맞고 말았어. 총탄을 맞은 상태에서 나는 계속해 지휘했어. 그리고 마침내 영국이 승리했다는 소식을 듣고서야 조용히 눈을 감았어.

"하느님께 감사한다. 나는 나의 의무를 다했다……."

이게 바로 그 유명한 '트라팔가르 해전'이야. 트라팔가르 해전은 영국의 대승리로 끝났고, 결국 나폴레옹이 무너지는 계기가 되었단다.

한입꿀꺽역사

세계 최고 해전

살라미스 해전은 기원전 480년에 그리스와 페르시아 사이에 벌어졌어요. 그리스 함대를 이끈 장군 테미스토클레스는 약 370척의 배로 약 800척의 페르시아 함대를 크게 무찔렀어요.

살라미스 해전에 사용했던 그리스 배 복제품

칼레 해전은 1588년에 영국과 에스파냐가 벌인 전투예요. 해적 출신인 드레이크 제독은 당시 '무적함대'로 불리던 에스파냐 해군을 크게 이겼어요. 이후 영국은 해양 국가로 빠르게 발전했어요.

한산도 대첩은 1592년 이순신이 이끄는 조선 수군이 왜군을 크게 물리친 싸움이에요. 이순신은 왜군을 한산도 앞바다로 유인해 학익진 전법을 펼쳐, 큰 승리를 거두었어요.

트라팔가르 해전은 1805년 넬슨이 이끄는 영국 함대가 프랑스·에스파냐 연합 함대를 무찌른 싸움이에요. 이 싸움으로 영국은 100여 년 동안 바다를 지배하게 되었어요.

내가 바로 전쟁의 천재

나폴레옹

나는 전쟁을 아주 좋아했어.
나만큼 많이 싸우고 많이 승리한 사람도 없을 거야.
하늘 높은 인기에 황제가 되었지만
두 번이나 섬으로 쫓겨나고 말았어. 어휴!
전쟁의 천재가 어쩌다 그렇게 되었는지 들어 볼래?

시대	1769년~1821년
본명	나폴레오네 부오나파르테
좋아하는 것	전쟁, 권력
대표 업적	나폴레옹 전쟁
하고 싶은 말	내 사전에 불가능이란 없다.
특이 사항	<나폴레옹 법전>을 만듦.
키워드	프랑스의 영웅, 독재자, 유럽 정복, 넬슨

스스로 황제가 되다

프랑스 혁명이 성공하자 유럽 여러 나라 왕들은 불안해했어. 프랑스처럼 시민들이 혁명을 일으킬까 봐 두려웠던 거지. 그래서 유럽 여러 나라는 손잡고 프랑스를 공격하기로 했어.

이때 전쟁 경험이 많은 내가 사령관이 되어 군대를 이끌게 되었어. 당시 내 나이는 27살이었는데, 나는 이미 프랑스의 영웅이었어.

"군사들이여, 우리가 가는 곳에는 좋은 옷과 먹을 것이 많다. 그것을 모두 그대들에게 주겠다!"

헐벗고 배고픈 군사들은 온 힘을 다해 싸웠고, 나는 이탈리아를 차지했어. 이어서 오스트리아의 수도인 빈까지 차지했지. 그러자 오스트리아와 이탈리아는 서둘러 프랑스와 조약을 맺었어. 그 후에도 이집트의 알렉산드리아와 카이로를 정복하는 등 나는 가는 곳마다 승리했어.

"나폴레옹이 또 이겼다! 나폴레옹 만세!"

내 인기가 점점 높아지자, 내 야심도 점점 커져 갔어. 결국 나는 쿠데타를 일으켜 권력을 잡았어. 그리고 다시 최고 지도자인 통령이 되었어. 그렇다고 내가 나라를 엉망으로 만든 건 아니야. 나는 나라의 안정을 위해 법전도 만들었어. 국민들은 나를 믿고 따랐지.

"나는 이제 황제다!"

이후 나는 스스로 황제의 관을 쓰고 황제가 되었어.

트라팔가르 해전 얘기 들었지? 천하의 나폴레옹이 영국의 넬슨에게 지다니 너무 분해! 그렇다면 다른 방법이 있지. 나는 유럽 나라들에게 영국과 무역을 하지 말라고 했어. 이는 영국을 경제적으로 어렵게 만들려는 계획이었어.

그러자 러시아가 반대하고 나섰어. 나는 60만 명의 군사들을 이끌고 러시아로 쳐들어갔어. 그런데 모스크바가 텅 비어 있는 거야. 엎친 데 덮쳐서 추위가 찾아오고 먹을 것마저 부족했어. 결국 나는 제대로 싸워 보지도 못하고 그냥 돌아올 수밖에 없었어.

이 틈을 타고 오스트리아와 프로이센 등은 힘을 합해 전쟁을 일으켰어. 나는 전쟁에서 지고 그만 황제 자리에서 쫓겨났어. 그러고는 작은 엘바섬에 갇히고 말았어.

하지만 내가 누구야? 프랑스의 영웅 나폴레옹이야. 나는 1년 뒤 섬을 탈출해 프랑스로 돌아왔어. 그리고 다시 황제 자리에 앉았어.

그러자 영국과 프로이센이 군대를 모은다는 소식이 전해졌어.

"가서 프랑스의 힘을 제대로 보여 주자!"

하지만 나는 워털루 전투에서 영국·프로이센 연합군에게 지고 말았어. 내가 다시 황제 자리에 오른 지 약 100일 만의 일이었어.

그 후 어떻게 되었냐고? 또 섬으로 쫓겨났지, 뭐. 이번에는 더 먼 세인트헬레나섬에 갇혔단다. 그러니까 능력만 믿고 너무 욕심부리면 안 돼.

한입 꿀꺽 역사

황제가 된 나폴레옹에 분노한 사람들

베토벤

나폴레옹이 스스로 황제의 자리에 오르자 새로운 시대를 바랐던 사람들은 몹시 분노했어요. 독일의 작곡가인 베토벤도 그중 한 명이었어요.

베토벤은 처음에 나폴레옹이 프랑스 혁명의 정신인 자유와 평등을 유럽에 가져다줄 거라고 믿었어요. 그래서 나폴레옹을 존경하는 마음으로 〈보나파르트 교향곡〉을 지었어요. '보나파르트'는 나폴레옹의 성이에요.

그런데 나폴레옹이 황제가 되었다는 소식을 듣고, 베토벤은 불같이 화를 냈어요.

"나폴레옹 역시 평범한 인간이었군. 이제 그는 욕심만 채우는 독재자가 될 거야!"

베토벤은 '보나파르트'라고 적힌 악보의 첫 장을 찢어 버렸어요. 이후 보나파르트 대신 '영웅'이라는 이름으로 바꾸었어요. 그 음악이 바로 베토벤 교향곡 제3번 〈영웅 교향곡〉이랍니다.

내가 바로 독립군의 영원한 장군

김좌진

독립 전쟁 중 하나를 꼽으라면 난 청산리 대첩!
일본군과 맞서 싸운 가장 큰 싸움이었고
독립군이 거둔 가장 큰 승리였거든.
군사만 많다고 이기는 게 아니야.
지형과 작전을 잘 이용해야지.

시대	1889년~1930년
별명	만주벌 호랑이
좋아하는 것	무술 익히기, 병법책 읽기
대표 업적	청산리 대첩
하고 싶은 말	독립을 위한 투쟁은 끝이 없는 여행이다.
특이 사항	10대에 집안의 노비를 해방함.
키워드	독립운동, 만주, 북로 군정서, 홍범도

청산리 대첩을 승리로 이끌다

사실 내가 별나기는 해. 나는 어렸을 때부터 사람들을 자주 놀라게 했어. 10대에 노비 문서를 불태우고 집안의 노비들을 모두 풀어 주는가 하면, 내 집을 학교로 내주고 나는 초가집에서 살기도 했어.

일제에 나라를 빼앗기자 나는 독립운동에 뛰어들기로 마음먹었어. 나는 군자금 모으는 일을 하다가 그만 일본 경찰에 붙잡혔어. 그래서 2년 넘게 감옥살이를 해야 했단다. 그 후 일제의 감시가 점점 심해졌어.

"일제의 감시가 더 심해졌군. 이대로는 안 되겠어. 그래, 만주로 가자."

만주에는 독립운동을 하는 부대가 많이 있었어. 나는 그곳에서 독립군 부대를 만드는 일에 힘썼어. 그리고 독립군 부대인 북로 군정서의 총사령관이 되어 독립군을 이끌었어.

어느 날 홍범도 장군이 이끄는 대한 독립군이 만주 봉오동에서 일본군을 크게 무찔렀다는 소식이 들려왔어. 강한 일본군과 싸워 첫 승리를 거두다니, 역시 홍범도 장군이야.

전투에서 진 일본군은 큰 충격을 받고 만주에 있는 독립군 부대를 모두 없애 버리기로 했어. 그리고 얼마 후 일본은 대규모의 군대를 이끌고 만주로 쳐들어왔어.

이제 힘을 하나로 모아야 할 때. 내가 이끄는 북로 군정서, 홍범도 장군이 이끄는 대한 독립군 등 만주의 모든 독립군 부대는 청산리로 모였어. 우리는 힘을 합쳐 일본군에 맞서기로 했어. 특히 나는 치고 빠지며 일본군을 청산리 깊은 곳으로 유인하는 작전을 짰어.

청산리 백운평 골짜기는 양쪽에 울창한 숲이 있어서 군대가 지나가기 힘들 정도로 좁아. 이곳에 숨어 있다가 일본군이 골짜기 안쪽으로 들어오면 기습 공격하는 거야! 어때, 기막히지?

드디어 백운평 골짜기에서 일본군과 맞닥뜨렸어. 독립군이 공격을 퍼붓자, 일본군은 우왕좌왕하다가 큰 피해를 보았어. 다른 곳에서도 홍범도 장군이 일본군끼리 서로 싸우게 만드는 작전을 써서 크게 이겼어.

6일 동안 10여 번이나 크고 작은 전투가 벌어졌어. 일본군은 수천 명의 군사를 잃고 결국 물러났어. 이게 바로 '청산리 대첩'이야.

"일본군을 이겼다!"

"대한 독립군 만세! 북로 군정서 만세!"

이 승리는 용감하게 싸운 독립군뿐만 아니라 독립군을 도와준 마을 주민들 덕분이기도 해. 그들은 일본군에게 거짓 정보를 알려 주기도 하고, 밥을 싸서 독립군에게 몰래 전해 주기도 했어. 마을 주민들의 도움이 없었다면 우리는 절대 승리하지 못했을 거야.

그 후 나는 군사 학교를 세우고 독립군을 키우기 위해 노력했단다.

한입 꿀꺽 역사

일본군에게 처음 승리한 봉오동 전투

홍범도는 사냥꾼 출신으로, 만주로 건너가 대한 독립군을 이끌었어요.

일본은 만주에 있는 독립군을 없애기 위해 일본 군대를 보냈어요. 그러자 홍범도가 이끄는 대한 독립군과 다른 독립군 부대가 힘을 합해 연합 부대를 만들었어요. 이들은 봉오동에서 공격하는 작전을 세웠지요.

독립군은 싸우다 도망가는 척하며 일본군을 만주 봉오동으로 유인했어요. 봉오동은 높은 산으로 둘러싸여 있고 나무가 빽빽해서 숨기에 좋았어요. 일본군이 봉오동 골짜기로 들어서자 숨어 있던 독립군은 공격을 퍼부었어요.

전투 결과 일본군은 157명이 죽었고, 독립군은 단 4명만 목숨을 잃었어요. 봉오동 전투는 독립 전쟁 중 첫 승리를 거둔 값진 전투였어요.

사기가 높아진 대한 독립군은 이후 여러 독립군 부대와 함께 청산리 대첩에서 일본군을 크게 물리쳤답니다.

홍범도 동상(전쟁기념관 소장)

내가 바로 천재 군인

맥아더

나는 미국의 군인이지만 한국 전쟁을 지휘했어.
내 뛰어난 작전은 성공했고
전쟁의 분위기를 바꿔 놓았어.
그래서 한국 인천에 가면 내 동상이 있어.
이쯤 되니 내 작전이 무엇인지 궁금하지?

시대	1880년~1964년
별명	상륙 작전의 달인
좋아하는 것	작전 짜기, 운동
대표 업적	태평양 전쟁, 6·25 전쟁
하고 싶은 말	노병은 죽지 않는다. 다만 사라질 뿐이다.
특이 사항	유명한 군인 집안
키워드	제2차 세계 대전, 일본 항복, 한국 전쟁, 인천

전쟁의 분위기를 뒤바꾸다

제2차 세계 대전이 한창일 때 나는 필리핀 마닐라에서 최고 사령관으로 일하고 있었어.

꽈르르 꽝! 어느 날 일본의 공격으로 마닐라를 빼앗겼어. 그때부터 나는 일본에 대한 작전을 지휘하게 되었단다.

"나는 돌아올 것이다!"

공격에 공격을 거듭했고 필리핀 상륙 작전은 성공했어. 그리고 마침내 우리 군은 필리핀을 완전히 되찾았어.

"이대로는 안 돼. 일본 땅을 직접 공격해야 해."

전쟁을 끝내려면 반드시 일본을 무너뜨려야 했어. 내 계획과 달리 미국 대통령은 일본에 원자 폭탄을 떨어뜨리라고 명령했어. 일본의 도시는 순식간에 잿더미로 변해 버렸어. 정말 끔찍했어.

결국 일본이 항복하면서 제2차 세계 대전은 끝났어. 나는 일본에서 최고 사령관이 되어 전쟁을 일으킨 사람들을 재판했어. 또 최고 지도자가 되어 토지 문제를 개혁하고 새로운 정책을 펼치는 등 여러 가지 일을 했단다.

1950년 6월 25일, 한국에서 전쟁이 일어났어. 그러자 여러 나라에서 모인 국제 연합군이 남한으로 갔어. 이때도 내가 국제 연합군의 최고 사령관을 맡게 되었어.

당시 국군은 부산까지 밀려나 있었어. 나는 비행기를 타고 한강 아래쪽을 자세히 살펴보았어.

"음……. 전쟁의 상황을 뒤집으려면 인천 상륙 작전을 펼쳐야 해."

나는 한반도 중앙에 위치한 인천으로 들어가서 공격하는 작전을 지시했어. 인천 상륙 작전에서 국군과 국제 연합군은 남쪽으로 내려온 북한군의 전쟁 보급로를 끊어 버렸어. 그리고 마침내 북한군에게 빼앗긴 서울을 되찾았지.

전쟁의 분위기가 바뀌자, 국군과 국제 연합군은 기세등등했어. 기세가 오른 군사들은 38도선을 넘어 북쪽으로 향했고 압록강까지 이르렀어.

그런데 이럴 수가! 북한의 상황이 불리해지자 갑자기 중국군이 전쟁에 끼어들었어. 중국군의 거침없는 공격에 국군과 국제 연합군은 뒤로 밀렸고 서울을 다시 빼앗기고 말았어.

나는 전쟁을 빨리 끝내기 위해 중국 만주 땅에 폭탄을 터뜨리자고 주장했어. 이 일로 나는 미국 대통령과 사이가 나빠지고 말았어.

"노병은 죽지 않는다. 다만 사라질 뿐이다."

나는 연설에서 이 말을 남기고 최고 사령관 자리에서 물러났단다.

한입 꿀꺽 역사

우리 민족이 둘로 나뉜 6·25 전쟁

1950년 6월 25일 일요일 새벽, 북한이 남한으로 쳐들어왔어요. 소련의 도움을 받아 군사력을 키운 북한은 힘으로 한반도를 통일하려고 했어요. 반면 남한은 전쟁에 대한 아무런 준비도 하지 못하고 있었어요.

남한은 3일 만에 서울을 빼앗기고 남쪽으로 밀려났어요. 나중에는 낙동강 아래쪽만 남기고 모두 북한에 빼앗기고 말았지요.

인천 상륙 작전이 성공하면서 국군과 국제 연합군은 서울을 되찾고 압록강에 이르렀어요. 하지만 중국군이 북한군을 도우면서 국군과 국제 연합군은 다시 밀리게 되었지요.

38도선 근처에서 양쪽의 밀고 밀리는 싸움이 계속되자, 양쪽은 전쟁을 멈추기로 했어요. 결국 1953년 한반도에 휴전선이 그어졌고 우리 민족은 둘로 나뉘게 되었어요.

휴전선 남북으로 펼쳐져 있는 비무장 지대

대무신왕

시대 4년~44년
직업 고구려의 왕

고구려 북쪽에 있던 부여는 힘이 셌어. 그래서 자주 고구려를 공격하거나 위협했지. 나는 왕이 된 후 부여를 공격해 부여의 대소왕을 죽였어.

그리고 고구려 남쪽에서 가장 강력한 낙랑국도 무너뜨렸어. 그건 다 내 아들 호동 왕자 덕분이야. 호동 왕자는 낙랑 왕의 사위가 되어, 낙랑 공주에게 낙랑국의 보물인 자명고를 부수게 했어. '자명고'는 적이 오면 저절로 울리는 북이야. 덕분에 나는 낙랑국을 기습 공격해 무너뜨렸어.

그래서 대무신왕 그러니까 '큰 전쟁의 신'이라는 이름이 붙었나 봐.

할리드 이븐 알 왈리드

시대 592년~642년
직업 이슬람의 장군

원래 나는 이슬람을 반대했던 사람이야. 그러다 이슬람교를 만든 무함마드를 만나고 이슬람교를 믿게 되었지. 그때부터 나는 '알라의 검'으로 불리게 되었어. '알라'는 이슬람교에서 하느님을 부르는 말이야.

나는 싸움에 나갔다 하면 승리했어. 여러 전투에서 큰 활약을 해서 3개월 만에 아라비아반도를 통일했어. 그러자 사산 왕조 페르시아와 비잔티움 제국이 손잡고 우리와 맞서려고 했어. 하지만 내가 누구야? 나는 계속 승리했고, 결국 사산 왕조 페르시아는 세력이 줄어들다가 멸망하고 말았어.

나는 지금도 이슬람 세계에서 가장 존경받는 장군으로 꼽힌단다.

양만춘

시대 ?~?
직업 고구려의 장군

사실 나에 대해 알려진 게 별로 없어. 공식적인 기록에는 이름도 없고 그냥 안시성 성주라고만 나와 있거든. 그래도 내가 안시성을 지킨 건 분명해.

내 특기는 끝까지 버티기야. 당나라 대군이 안시성을 공격했지만, 나는 당나라 군에 맞서 오래도록 버텼어. 당나라 군사들은 안 되겠는지 성보다 높은 흙산을 쌓아 공격했어. 그마저도 우리 군이 빼앗아 버렸지. 날씨가 추워지고 먹을 것이 떨어지자, 당나라군은 어쩔 수 없이 물러갔어.

내 이름은 없어도 안시성 싸움은 꼭 기억해 줘.

연개소문

시대 ?~665년
직업 고구려의 장군, 정치가

나의 세력이 강해지자, 영류왕과 귀족들은 나를 없애려고 했어. 나는 이것을 미리 알고 내가 먼저 그들의 목숨을 빼앗았어. 그리고 고구려 최고의 권력을 잡았지.

내가 너무하다고? 사실 나는 강한 고구려를 꿈꿨어. 왜냐하면 당나라가 호시탐탐 고구려를 노리고 있었거든. 아니나 다를까 당나라는 내가 왕을 죽인 일을 핑계로 고구려에 쳐들어왔어. 하지만 안시성에서 양만춘 장군이 크게 무찔렀지.

아무리 당나라라도 내가 있는 동안에는 감히 고구려를 넘보지 못했어. 그래서 사람들은 나를 독재자라고도 하고 영웅이라고도 해.

김유신

시대 595년~673년
직업 신라의 장군

삼국 통일의 주인공은 바로 나와 김춘추야. 나는 멸망한 가야 사람이야. 그래서 늘 신라 귀족들에게 차별을 받았어. 하지만 나는 15살에 화랑이 되었고, 이후 전쟁에 나가서 많은 공을 세웠어.

내가 보기에 다음 왕은 김춘추가 될 것 같더라. 그래서 나는 내 여동생과 김춘추를 결혼시켰어. 그 후 김춘추가 왕이 되었고, 그가 바로 태종 무열왕이야.

나는 백제를 공격해 무너뜨렸고, 고구려를 정벌하는 데도 힘을 보탰어. 그리고 마침내 김춘추의 아들 문무왕이 삼국 통일을 완성했어. 나의 오랜 꿈이 이루어져서 너무 뿌듯해.

티무르

시대 1336년~1405년
직업 티무르 제국의 황제

나는 몽골의 후손이야. 대제국이었던 몽골 제국이 여러 나라로 나누어진 걸 보니 가만있을 수 없잖아. 그래서 몽골 제국을 다시 일으키려고 중앙아시아에서 서아시아에 이르는 대제국을 세웠어.

나는 사마르칸트를 수도로 정하고 이웃 나라들을 하나씩 정복해 나갔어. 페르시아의 여러 나라를 비롯해 인도와 오스만 제국까지 차지했지. 하지만 정복한 도시를 파괴하고 사람들을 마구 죽여 잔인한 왕이라고 불렸어.

내 마지막 목표는 명나라였어. 하지만 명나라로 가는 도중에 병에 걸려 끝내 꿈을 이루지 못했어.

드레이크

시대 1540년~1596년
직업 영국의 해적, 제독

나는 해적이었지만 기사 작위와 훈장을 받았어. 왜냐하면 내가 에스파냐의 배를 공격해서 어마어마한 양의 보물을 빼앗아 왔거든. 영국의 여왕 엘리자베스 1세도 나를 크게 칭찬했어.

그 후 에스파냐는 영국을 쳐부수기 위해 칼레 앞바다에 무적함대를 보냈어. 나는 무적함대에 맞서 영국 함대를 이끌었어. 우리 영국 배는 작았지만, 무적함대 사이를 빠르게 돌아다니며 공격했어. 결국 나는 무적함대를 크게 무찔렀고 영국은 힘이 센 나라가 되었어. 이제부터는 나를 해적 말고 최고의 바다 영웅으로 불러 줄래?

구스타브 2세

시대 1594년~1632년
직업 스웨덴의 왕

나는 어릴 때부터 전쟁에 관심이 많았어. 17살에 왕이 된 후 덴마크, 러시아, 폴란드와 전쟁을 하며 차근차근 전투 경험을 쌓았어. 그리고 무엇보다 스웨덴 군대를 개혁해 유럽 최고의 군대를 만들었어.

최고의 무기, 잘 훈련된 군대와 함께 나는 종교 전쟁인 30년 전쟁에 뛰어들었어. 종교적인 이유도 있었지만, 사실은 발트해를 확실하게 차지하고 싶었거든.

나의 뛰어난 전략으로 브라이텐펠트 전투에서 큰 승리를 거두었어. 이후 스웨덴은 유럽에서 큰 힘을 갖게 되었지. 그래서 나를 '근대전의 아버지', '북방의 사자왕'이라고 부른단다.

전쟁의 신 퀴즈

Quiz 1

오나라의 천재 전략가 손무가 쓴 최고의 병법책은 무엇일까요?

□□□□

Quiz 2

알렉산드로스 대왕이 자신의 이름을 따서 만든 도시 이름은 무엇일까요?

□□□□□□

Quiz 3

한신이 조나라와 싸울 때 강을 등지고 진을 친 데서 나온 말은 무엇일까요?

□□□

Quiz 4

지중해를 차지하기 위해 로마와 카르타고가 100년 넘게 싸운 전쟁은 무엇일까요?

□□□ □□

Quiz 5

카이사르가 로마의 법을 어기고 건넌 강은 무엇일까요?

□□□□

Quiz 6

유비·손권의 연합군이 조조군을 크게 물리친 싸움은 무엇일까요?

□□ □□

Quiz 7

장수왕이 아버지를 기리기 위해 세운 비석은 무엇일까요?

□□□ □□□□

Quiz 8

살수에서 수나라 군대를 크게 물리친 고구려 장군은 누구일까요?

□□□□

Quiz 9

로마 교황이 샤를마뉴 대제에게 왕관을 씌워 주고 부활시킨 곳은 어디일까요?

□□□ □□

Quiz 10

강감찬이 귀주에서 거란군에게 크게 승리한 싸움은 무엇일까요?

□□ □□

Quiz 11

십자군과 이슬람 세력이 서로 빼앗으려고 한 곳은 어디일까요?

□□□□

Quiz 12

테무친이 몽골 부족을 통일하고 새롭게 불린 이름은 무엇일까요?

□□□ □

Quiz 13

영국과 프랑스가 왕의 자리를 두고 100년 넘게 싸운 전쟁은 무엇일까요?

□□□□

Quiz 14

오다 노부나가가 죽은 뒤 일본을 통일한 사람은 누구일까요?

□□□□ □□□□

Quiz 15

이순신이 전쟁에 대비하며 미리 만들었던 거북 모양의 배는 무엇일까요?

□□□

Quiz 16

프리드리히 2세가 강한 군대를 바탕으로 유럽의 강대국으로 만든 나라는 어디일까요?

□□□□

Quiz 17

트라팔가르 해전에서 영국의 대승리를 이끈 사람은 누구일까요?

□□

Quiz 18

나폴레옹이 영국·프로이센 연합군에게 진 전투는 무엇일까요?

□□□ □□

Quiz 19

독립군 부대가 청산리에서 일본군과 싸워 크게 이긴 싸움은 무엇일까요?

□□□ □□

Quiz 20

맥아더가 6·25 전쟁에서 상황을 뒤집기 위해 펼친 작전은 무엇일까요?

□□ □□ □□

정답

Quiz 1
손자병법

Quiz 2
알렉산드리아

Quiz 3
배수진

Quiz 4
포에니 전쟁

Quiz 5
루비콘강

Quiz 6
적벽 대전

Quiz 7
광개토 대왕릉비

Quiz 8
을지문덕

Quiz 9
서로마 제국

Quiz 10
귀주 대첩

Quiz 11
예루살렘

Quiz 12
칭기즈 칸

Quiz 13
백 년 전쟁

Quiz 14
도요토미 히데요시

Quiz 15
거북선

Quiz 16
프로이센

Quiz 17
넬슨

Quiz 18
워털루 전투

Quiz 19
청산리 대첩

Quiz 20
인천 상륙 작전

대림아이
첫술에 배부른 역사 시리즈 02

처음 읽는 전쟁 이야기
내가 바로 전쟁의 신

초판 1쇄 인쇄 2025년 6월 5일
초판 1쇄 발행 2025년 6월 10일

글 문연정
그림 정은혜
사진 제공 셔터스톡, 국립중앙박물관, 부산광역시립박물관, 전쟁기념관

펴낸곳 대림출판미디어
펴낸이 유영일
디자인 난나
마케팅 신진섭
등록 제2021-000005호
주소 서울시 영등포구 대림로34다길 16, 다청림 101동 301호
전화 02-843-9465
팩스 02-6455-9495
E-mail yyi73@naver.com
Tistory https://dae9495.tistory.com

ISBN 979-11-92813-29-5
979-11-92813-15-8 (세트)

※ 값은 뒤표지에 있습니다. 잘못된 책은 바꾸어 드립니다.